中村憲剛の「こころ」の話

今日より明日を
生きやすくする処方箋

発売　小学館
発行　小学館クリエイティブ

はじめに

きっかけは、木村謙介先生からの何気ない言葉だった。

「憲剛さんがしてきた経験や考えを、自分だけが聞くのはもったいない。勇気や気づきが詰まっているので、知った人にとっても、よりよく生きるヒントになると思います」

木村先生と出会ったのは、先生が川崎フロンターレの内科チームドクターに就任した2020年だった。先生はクラブハウスに来て、採血をはじめとする検査を担当してくれていた。当時、選手だった自分は、真摯《しんし》かつ丁寧な対応に、先生はただ仕事で来ているのではなく、検査や診察の枠を超えて、僕らと「こころ」を通わせに来てくれていると感じた。

その姿勢を強く実感したのは、選手を引退した翌年だった。新型コロナウイルス感染症にかかった僕は、体調を崩し、先生に相談すると、親身になって対応してくれた。それがさらなる縁となり、先生のクリニックにお邪魔するようになり、体調だけでなく、自分の過去や現状など、多くを話すようになった。

引退してからもメディアなどで話す機会には恵まれていたが、選手時代とは話す内容やテーマも変わってきていた。自分について話すよりも、誰かについて語ることや、見たものについて話をする機会が増えていた。選手時代はインタビューなどの機会を通じて、自分の現在地や思いを語ることで、考えを把握していただけに、自分の思考を整理する時間と機会を欲していたのだろう。

先生のクリニックに赴くのは月1回程度だったが、そこで先生と話をする時間は楽しく、自分の「こころ」や自分の現状を知る、何ものにも代えがたい時間になっていた。

先生もまた、僕のキャリアに興味を持ってくれていたため、話は今だけでなく、幼少時代や学生時代、プロサッカー選手になってから、引退後の今と、多岐にわたっていた。

そのときどきの経験や挫折、得た教訓、さらには「こころ」の変化や成長について話を重ねていると、ある日、先生が冒頭の言葉をかけてくれた。

エリート街道を突き進み、何かを成し遂げた人が、自分の人生観や「こころ」の持ちようについてつづった書籍は、自分自身も目にする機会があった。

一方の自分は、学生時代は全く日の当たる場所を歩くことのなかった、いわば非エリートだ。先生は、そんな非エリートである自分が、挫折を乗り越え、自分自身と向き合い、「こころ」を鍛え、育てていったことで、日本代表にまで駆け上がり、J1リーグという日本最高峰のプロサッカーリーグで優勝を達成し、40歳まで選手生活を続けたことは多くの人の参考になり、希望になると言ってくれた。そのため、僕自身が向き合ってきた日常や「こころ」の変遷、「こころ」の在り方は、多くの人が楽しく、そしてよりよく生きるための参考になるのではないか、と。

先生の言葉に背中を押され、自分自身もまた、自分の考え方や物事の捉え方、「こころ」の在り方や導き方を明かすことが、周りの人たちの役に立つのであればと思った。

また、診察するだけでなく、患者さんの「こころ」に寄り添うことを信念にしている木村先生のサポートがあれば、自分自身が一方的に考えを述べるだけでなく、多くの人たちにとっても参考になる、新しい気づきや発見の機会になるのではないかとも考えた。

自分自身も選手時代に多くの書籍を出版させてもらう機会があったが、木村先生とタッグを組むことで、これまでとは異なる視点、表現ができる一冊になる実感もあった。

本書は第1章から第6章まで、さまざまなテーマで自分自身の経験や「こころ」の在り方、また、物事に対する考え方を取り上げている。各テーマについても、木村先生との対話に基づいて選び、テーマを考えるうえでも木村先生からアイデアをもらった。それに沿ってエピソードや経験、その折々に感じたことなどについてつづらせてもらった。

さらに、自分の考えに対して、木村先生に解説をしてもらうことで、自分でも気づいていなかったこと、自分の「こころ」が感じていたことを丸裸にしてもらった。


僕自身が優勝するまでに15年もかかったように、人生はうまくいくことよりも、うまくいかないことのほうが多いだろう。そのときどきで、どう自分が対応していくのか、どうやって状況を好転させていくのか。本書を手に取ってくれた方々の人生において、僕の考えや「こころ」の在り方を通じて、いろいろな受け取り方をしてもらい、自分の心について考えてもらうきっかけやヒントになればと思っている。

明日はちょっと変えてみようかな、明日もそのまま続けてみようかな――。

少しでも、みなさんの人生がより楽しく、より充実したものになるように、本書が刺激や気づき、発見を与えられることを願って。

中村憲剛

中村憲剛の軌跡

1980年	10月31日、東京都小平市に生まれる
1987年	小学1年生、府ロクサッカークラブ加入
1991年	小学5年生、全日本少年サッカー大会ベスト16
1993年	小金井市立小金井第二中学校入学
1996年	東京都立久留米高校入学
1999年	中央大学入学
2002年	大学4年生、関東大学サッカーリーグ2部優勝
2003年	川崎フロンターレ加入。背番号は「26」 3月15日、J2リーグ第1節サンフレッチェ広島戦でプロ初出場 4月9日、J2リーグ第5節モンテディオ山形戦でプロ初得点 J2リーグ5位（34試合出場・4得点）
2004年	背番号を「14」に変更 J2リーグ優勝（41試合出場・5得点）
2005年	4月3日、J1リーグ第3節ガンバ大阪戦でJ1初出場 8月24日、J1リーグ第20節横浜F・マリノス戦でJ1初得点 J1リーグ8位（29試合出場・2得点）
2006年	妻・加奈子《かなこ》さんと結婚 10月4日、キリンチャレンジカップ2006ガーナ戦で国際Aマッチ初出場 10月11日、AFCアジアカップ2007予選インド戦で国際Aマッチ初得点 Jリーグベストイレブン受賞（自身初、クラブ史上初）
2007年	J1リーグ2位（34試合出場・10得点） AFCアジアカップ出場（6試合・0得点） ヤマザキナビスコカップ準優勝 Jリーグベストイレブン受賞（2度目）
2008年	J1リーグ5位（30試合出場・4得点） 9月25日、第一子となる長男・龍剛《りゅうご》さん誕生 Jリーグベストイレブン受賞（3度目）
2009年	J1リーグ2位（34試合出場・4得点） ヤマザキナビスコカップ準優勝 Jリーグベストイレブン受賞（4度目） J1リーグ2位（32試合出場・4得点）

2010年　4月8日、第二子となる長女・桂奈《けいな》さん誕生
FIFAワールドカップ出場（1試合出場・0得点）
Jリーグベストイレブン受賞（5度目）
J1リーグ5位（27試合出場・4得点）

2011年　J1リーグ11位（30試合出場・4得点）

2012年　J1リーグ8位（34試合出場・5得点）

2013年　FIFAコンフェデレーションズカップ出場（2試合出場・0得点）
J1リーグ3位（29試合出場・7得点）

2014年　J1リーグ6位（30試合出場・3得点）

2015年　J1リーグ6位（33試合出場・2得点）

2016年　3月29日、第三子となる次女・里衣那《りいな》さん誕生
Jリーグベストイレブン受賞（6度目）
Jリーグ年間最優秀選手受賞（36歳50日は歴代最年長）
J1リーグ3位（31試合出場・9得点）
天皇杯準優勝

2017年　YBCルヴァンカップ準優勝
J1リーグ優勝（32試合出場・6得点）
Jリーグベストイレブン受賞（7度目）

2018年　J1リーグ優勝（33試合出場・6得点）
Jリーグベストイレブン受賞（8度目）

2019年　YBCルヴァンカップ優勝
11月2日、J1リーグ第30節サンフレッチェ広島戦で左膝前十字靭帯損傷
J1リーグ4位（20試合出場・2得点）

2020年　8月29日、J1リーグ第13節清水エスパルス戦で復帰、ゴールを記録
10月31日、J1リーグ第25節FC東京戦でバースデーゴールを記録
11月1日、2020シーズン限りでの現役引退を発表
J1リーグ優勝（13試合出場・2得点）
天皇杯優勝
川崎市民栄誉賞を受賞（歴代3人目）

2021年　川崎フロンターレFRO（Frontale Relations Organizer）に就任

2023年　J30ベストアウォーズ　ベストイレブン受賞

◆通算成績
J1リーグ　471試合出場・74得点
J2リーグ　75試合出場・9得点
日本代表　68試合出場・6得点

contents

第1章
心って、何だろう？

心とは一体、何なのか？

「心」とは一体、何なのだろうか。

心を測る言葉としては「強い」「弱い」といった形容詞が用いられるが、果たして心とは強弱で表現されるべきものなのだろうか。

僕自身は、決して心は常に強くあるべきだとは思わない。なぜなら、ときに心の弱さも自分自身の糧《かて》になり、成長や未来につながっていたからだ。

それは川崎フロンターレで選手として過ごした18年の歩みが証明してくれている。

僕が初めて優勝を経験したのは２０１７年だった。歓喜に涙するまで、プロサッカー選手になってから15年という年月を費やしている。

それまで2位や準優勝に泣き、悔し涙を流した経験は7回を数える。タイトルまであと数歩というところに迫った回数は、二桁に届くだろう。

タイトルを逃すたびに自分自身を責めたし、自分自身の心の弱さも痛感した。しかし、そうした経験があったからこそ、２０１７年のＪ１リーグ初優勝につながり、２０２０年に引退するまで五つのタイトルを獲得することができたのだと強く思う。

だから、強弱で表現するならば、心の弱さが励みになり、活力になって、僕は心の強さを手にしたことになる。

スポーツの世界では、選手にとって必要な能力、もしくは要素を「心・技・体」と言い表すことがある。

サッカーに置き換えれば、「心」＝精神でありメンタル、「技」＝技術でありテクニック、「体」＝体格でありフィジカルになる。ただ個人的には、心・技・体の「心」は、試合に臨む準備や気力、はたまた姿勢といったコンディション的なことだけではなく、純粋にサッカーを好きな気持ちや試合に勝ちたいという意欲も含まれていると思っている。

プロサッカー選手を職業とする人間であっても、大前提としてサッカーが好きだから、苦しいことや辛いことも耐えられるし、悔しいことや悲しいことも乗り越えられる。

そう考えると、心を突き動かしていくうえで、この「好き」という気持ちはとても重要で、密接に関係している。

そして、自分にとって心とは自分を動かす原動力だった。それはプレーだけでなく、行動も、会話も、すべてに心というベースがあったからだ。

試合に勝ちたいと思うからこそ、相手と戦う気持ちも湧くし、相手に立ち向かっていく勇気も湧く。試合前から負けることを考えたり、想像したりしてしまうと、当然ながら戦うことはできないし、勝利という結果もついてこない。

監督やコーチは、選手たちをピッチに送り出す際に、「強気で戦おう」と発破をかける。また、選手たち自身もお互いに、「強気で戦おう」と鼓舞し合う。そうした「強気」を生み出すのも、自分自身の心から湧き出てくるものだと考えていた。

その強気を生み出すためには、日常の基準が高くなければならなかった。すなわち、日々のトレーニングだ。練習の一つひとつのメニューに対して真剣に取り組むのも、一つひとつのプレーに対して質を求めるのも、試合に勝つため、そして試合を強気で戦うための心を作る作業の一環だった。

だから僕自身、心とは司るものだと考えていた。

改めて「司る」という言葉の意味を調べてみた。そこにはこう記されている。

①職務として取り扱う。担当する。
②支配する。
出典：新選国語辞典（小学館）

僕のなかで、考え方は②に近い。支配するというよりは「管理する」という感覚が近いかもしれない。日々、自分自身で心を管理していくことで、心は育まれていく。

感情を表す慣用句として、「心が揺れる」という表現がある。決意が固まらなかったり、選択ができなかったりと、気持ちが揺れ動くさまを表している。

そのため一般的に、心が右へ、左へと揺れ動く人に対しては、「心が弱い」というイメージを抱くこともあるだろう。

でも、ピッチに立っていた僕の考えは違っていた。

心が揺れるから面白く、心が揺さぶられるから楽しく、そして心が揺れ動くから驚き、感動もする。サッカーというスポーツにおいては、なおさらだった。

チームの攻守をコントロールするＭＦ《ミッドフィルダー》というポジションだった自分は、常に対戦相手の動きや試合の流れを見て、そのときどきでプレーを変えてきた。そのため、試合中は、常に周囲を見渡し、冷静さを保とうと努めていた。

一方で、ときにはスタジアムのファン・サポーターをあおるなど、感情を前面に出していたように、情熱的にプレーする性格だったので、空回りをすることも多々あったが、逆に練習で出ないような誰もが驚くプレーがたくさんできたとも思っている。

冷静と情熱――相反するように思えるこの二つの感情を持ち合わせていたからこそ、僕は相手が予想もつかないようなスルーパスや、観ている人が驚くようなゴールを決めることができた。

だから、心は揺れ動いたほうがいいこともあるし、心には矛盾があってもいいと思っている。大事なのは、自分自身が心を司り、心を育んでいくこと。それが自分を成長させる一歩になると、僕は信じている。

心は揺れても、浮き沈みがあってもいい

心は強くあるべきで、揺れ動くさまは弱さ。「心」に対して、世間一般ではこう認識されることが多くあります。特に勝負の世界で生きるアスリートは、心の強さを求められる存在です。アスリートとして第一線を走ってきた憲剛さんが、心の弱さがときに活力になり、ときに励みになっていたと明かし、心は揺れ動くからこそ面白いと言う。その発言は興味深く、意外性も含んでいます。

憲剛さんの考え方を知ると、そもそも心とは日常的にさまざまな刺激を受け、浮いたり、沈んだりと、揺れ動いているものだということに気づきます。それを強くあろうとし続けたり、一定に保ち続けたりすることのほうが、実は不自然かつ無理があることだとわかります。

憲剛さんの心の在り方が魅力的なのは、心の揺れや浮き沈みをありのままに捉え、受け入れているからです。

一方で、憲剛さんは勝負どころでは心の強さを押し出せるよう、日常を訓練の場としていました。日常を活用することで、自分の弱さを知り、成長の原動力とする。私たちも同じように、学校や仕事、あるいは生活のなかで、心を成長させる原動力を見つけることができます。そのなかではもちろん、心の揺らぎを感じることもあるでしょうが、「強くなければいけない」という先入観に捉われることなく、感じるままに物事を見てみてください。心そのものが自分自身であり、自分の中心に存在するもの。他の誰でもなく、自分こそが心を管理する主役です。だからこそ、心は変化しながら、自分自身もまた成長していくことができるのです。

「好き」を手放してみる

40歳でサッカー選手を引退するまでに、30歳だった2010年には日本代表として南アフリカワールドカップのピッチに立った。36歳だった2016年には歴代最年長でJリーグ年間最優秀選手賞を受賞した。37歳だった2017年には、J1リーグ初優勝を経験した。

特に集大成とも言えるキャリア晩年は、多くのタイトルを獲得できたこともあって、周りは華やかなキャリアを歩んできたイメージを抱いているかもしれない。

しかし、僕は高校生でプロから声がかかるような選手だったわけではなかったし、大学生のときも3年時に関東大学2部リーグに降格し、4年時は2部リーグでも決して注目を集めるような選手ではなかった。当時J2リーグを戦っていた川崎フロンターレの練習参加になんとかこぎつけ、辛うじてプロへの道をこじ開けたような選手だった。

振り返ると、順風満帆《じゅんぷうまんぱん》どころか、全くと言っていいほど日の目を見ることのない学生時代を歩んだと思う。

中学生のときには一度、サッカーから離れた時期もあった。それは自分にとって、初めて経験した大きな、大きな挫折だった。

小学1年生で本格的にサッカーを始めた僕は、小学6年生で当時所属していた東京・府中市にある府ロクサッカークラブで、東京都のベスト4になり、全国大会にも出場した。個人としては東京都選抜に選ばれ、さらに上のカテゴリーである関東選抜にも選ばれた（もしプロになっていなければ、ここがサッカー人生の最高到達点だったはずだ）。

小学6年生の冬に、各都道府県から選抜された選手たちが地域別のチームになって参加する大会に出場する機会があった。東京都から選ばれたのは、自分を含めてわずか2名。そのなかに入ったことで、より自信を深め、意気揚々と開催地である千葉県は検見川《けみがわ》へと向かった。

しかし、そこでものの見事に、伸びていた鼻を、音が鳴るくらいに思いっ切りへし折られた。

選抜された各チームは、地域によって特徴や特色があった。東海地区ならば技術に長け、九州地区だったらフィジカルが強くスピードがあり、関西地区だったら負けん気が強い、といった具合に。そうした全国の猛者《もさ》が集まる舞台で、関東選抜の一員だった自分は、手も足も出ないほどにやられまくった。まさに「コテンパン」と表現するのが正しいくらいに。上には上がいる。広い世界を見たことで、高い山があることを知った。要するに、自分の現在地、実力を知ったのだ。

それまではずっと自分に期待していたけれど、初めて自分自身に裏切られた気分になった。しかも、自分が好きなもので思うようにいかないもどかしさは、小学生だった当時の自分にとっては、大きな衝撃だった。意気揚々と向かった先で、自信は粉々に砕かれ、意気消沈したまま家に戻ったことを、今でも鮮明に覚えている。

そして、その挫折は中学生になっても尾を引いた。

中学では新しく作られたクラブチームに1期生として加入したが、そこでも対戦相手の上級生たちに全く歯が立たず、屈辱を味わった。中学1年生と2、3年生では体格差は顕著で、自分のプレーが全く通用しなかったのだ。加えて成長期ということもあり、周りの同級生たちもあっという間に身長が伸び、次々に追い越されていった。

小学生のときはスピードがあって、すばしっこい選手なんて言われていたけれど、気がつけばその特徴は鈍重なものになっていた。

ボールを持っても相手に潰され、それ以前にボールにすら触らせてもらえない。大好きな攻撃もできなければ、守備ではいとも簡単に相手に吹き飛ばされる……。サッカーをしていて初めて楽しくなくなり、むしろサッカーをすることが怖くなった。

「もう無理だな……」

周囲との歴然とした体格差を痛感し、何もかもがうまくいかなくなった僕は、自分で自分を諦めてしまった。

そして、ついに僕はサッカーをやめた。

あれは中学1年生の夏になるころだったと思う。

クラブチームをやめた僕は、中学入学時から入部はしていたが、ほとんど参加していなかったプログラミング研究部に入りびたるようになった。それは、サッカーから完全に離れようとするがゆえの選択だった。

今になって、そのときの自分の心をのぞいてみる。

自分の物差しで自分を測っていただけに、努力をしても登ることができない山があることを知って、自ら登ることをやめた。しかも当時は、その理由を自分ではなく、状況や環境のせいにした。今思えば、最低だったと思う。

例えば、少年マンガの主人公は、強い敵や強い相手が出てくると、ワクワクしながら立ち向かっていく。だけど、当時の僕はそのワクワク感が全く湧かず、むしろ敵《かな》わないと恐怖すら感じていた。当然、それでは主人公になれるわけがない。登場する主人公を引き立たせる、名前も覚えてもらえないモブキャラだった。

試合に勝てないことや、自分がうまくプレーできないことは自分自身のせいなのに、それを監督やコーチ、そしてクラブチームのせいにして、自分はその環境から逃げ出したのだ。

プログラミング研究部に出入りするようになって半年くらい、サッカーは自分が楽しいと思える環境で――つまり遊びとして――一人でやっていた。壁に向かって無心でボールを蹴り続けていると、「練習がしたい」「試合がしたい」と、心から強く思うようになってきた。そのときに、自分がいかにサッカーを楽しんでいるか、どれだけサッカーが好きなのかということに気がついた。

決してプログラミング研究部がダメだというわけではなく、この時点でサッカーこそが自分自身を一番表現できるもので、仲間であるチームメートと勝ち負けを共有できる喜びがあることに気がついた。

自分が好きだったサッカーから離れることで、好きなものの魅力や楽しさ、面白さを再認識したのだ。

そして、中学2年になったとき、僕はプログラミング研究部をやめ、通っている中学校のサッカー部に入り直すと、そこから再びサッカーに打ち込んだ。もう二度と、サッカーを自分からは手放さない、という強い決意を持って。だからこそ、そこからはどんな苦しいことがあっても、全力で挑み続ける、強く折れない心が持てたと思っている。


今、この本を読んでくれているみなさんも、苦しんでいたり、煮詰まったりしたときには、一度、離れてみること、手放してみることも有効だと伝えたい。

自分の心に嘘をついてまでがんばってしまうと、自分の心も壊れてしまうからだ。

立ち止まらざるを得なくなったときには、自分の心に素直に従ってみるのも、未来を切り開くヒントになる。

そうやって自分の心に素直になると、戻りたいと思ったときには自然と戻ろうとするだろうし、戻りたいと思わなければ、それはそれで、また別の道が見えてくるはずだ。

あのときの自分は、本当にサッカーをすることが嫌だったから離れ、それでも本当に好きだったから、再びサッカーの道に戻れたのだと思う。

自分と他人を比べない

登ろうとしても登れないほどの高い山があることを知った自分は、その状況にどう向き合ったのか。

結論から先に言うと、中学生だった当時の自分は、その高い山を登ることをやめた。

各地域から選手たちが集まりチームを組んだ大会で、実力差を痛感させられた僕は、彼らは彼らで別の道を、さらには自分のずっと先を進んでいると考えた。

そして立ち止まってしまった自分は、そこを追いかけるのをやめた。高い山を登ろうとするから苦しく、背中を追いかけようとするから辛くなる。彼らは彼らの道を進んでいるように、自分は自分の道を歩いていこうと考えた。そう思ったとき、心がスッと軽くなったことを覚えている。

ここから学んだのは、自分と他人を比べない、比べても意味がない、ということだ。

当時は、自分自身の「スペック」が純粋に足りていなかった。身長も低く、体重も軽く、足も遅いのだから、自分は現時点で彼らと張り合うことはできない。

ただし、これから先……未来がどう転ぶかは誰にもわからない。当時、父親から、「自分は中学生や高校生になってから身長が伸びた」という話を聞いた。それを考えると、自分も今後、大きくなる可能性はあるだろう。しかし、現時点で彼らにフィジカル面で対抗することはかなわなかった。だから、同じフィールド、もしくはレベルで競うことを頭から切り捨てた。

今思うと、選抜チームの活動がそのとき限りで、自分にとっての日常ではなかったことも奏功したように思う。彼らと自分を日々比較することなく、自分が今いる世界に目を向けるきっかけになったからだ。

また、中学1年生だった1993年に、Jリーグが開幕した幸運も重なった。

挫折を経験した1992年には、プレ大会としてJリーグヤマザキナビスコカップ（現JリーグYBCルヴァンカップ）が開催されていて、サッカー人気が日々高まっていた。ハンス・オフト監督が率いていた日本代表の活躍も目覚ましく、当時、多くの少年が憧れを抱いたように、自分もラモス瑠偉《るい》さんに憧れた。

だから、小学6年生の卒業文集には「Jリーグのチームに入って、プロサッカー選手になりたい」と、夢をつづった。でも、それを書いたのは、すでに選抜チームで全国の猛者たちに叩きのめされたあと。心のどこかで「その夢を叶えるのは難しいかもしれないな」という現実を感じ始めてもいた。

中学生になり、クラブチームで、さらに力の差を痛感し、サッカーを続けるか、やめるかで悩んでいた1993年5月15日に、Jリーグは開幕した。

忘れもしないヴェルディ川崎（現東京ヴェルディ）と横浜マリノス（現横浜F・マリノス）の一戦。テレビでは、国立競技場のライトが選手たちを照らし、画面にはきらびやかな世界が広がっていた。テレビ越しに、プレーする選手たちを見て、純粋に「格好いいな」と、目を輝かせた。

そして、こう思った。

今の自分は、この世界にたどり着くことはできないかもしれない。でも、サッカーボールを蹴りたいな、と。友だちと遊びでサッカーをしながら、もしくは一人で壁に向かってボールを蹴りながら、いつもきらびやかなJリーグの光景を思い浮かべていた。

中学生の中村憲剛は、Jリーグによって心が救われた。
好きなこと＝サッカーを完全に捨てるのではなく、細々であっても自分が楽しめる範囲でサッカーを続けよう、と。

我ながら、自分は多趣味なほうだと思っている。ゲームも好きだし、漫画も好きだし、興味や関心があるものは多岐にわたる。でも、子どものときから、サッカーを上回るものは、ついに見つからなかった。

サッカーから離れた半年間で、それを認識し、より強く実感したからこそ、自分の見える範囲で、自分が楽しめる範囲で続けようと思い直すことができた。

プロサッカー選手を引退したあと、自分の人生を振り返ってみても、サッカーから離れたこの時期があったから、今があると強く思う。

それは、挫折からよじ登る術《すべ》を自分自身で考えることができたから。再びサッカーをやり始めた中学校のサッカー部では、プレーを強制されることはなかった。それがかえって、周りや環境のせいにするのではなく、責任を自分に「転嫁」する時間になった。

没頭することで心を正す

心が揺れ動いた、心が折れそうになった出来事としては、２０１４年のブラジルワールドカップを戦う日本代表メンバーから落選したときのことを思い出す。

２０１４年5月12日、アルベルト・ザッケローニ監督が会見でメンバーを発表するとき、僕は川崎フロンターレの試合のため、韓国へと向かうバスのなかにいた。ＧＫ《ゴールキーパー》、ＤＦ《ディフェンダー》、ＭＦとポジション順に名前が読みあげられていったが、自分の名前が呼ばれることはなく、ＦＷ《フォワード》へと移っていった。その後、チームメートであり、同じバスに乗っていた大久保嘉人《おおくぼよしと》の名前が呼ばれると、車内はドッと歓声に包まれた。

そもそも、自分は1年近く代表から遠ざかっていたから、選ばれる可能性は決して高くはなかった。しかし、２０１４年になり、嘉人とともにリーグ戦で活躍していたこともあって、ありがたいことにメディアからも「ベテランとして2人を連れて行くべき」という呼び声が高まっていた。自分自身の調子もよかったから、選んでくれればベテランとして必ずチームの力になれるという自負もあった。僕自身も日本代表の一員として戦った2010年の南アフリカワールドカップで、当時34歳だったGK川口能活《かわぐちよしかつ》さんが久々に代表に選ばれて、チームの精神的支柱となっていた姿に自分を重ねたりもした。それから4年が経ち、あのときの能活さんと同じ34歳になった自分も、試合に出ようが出まいがチームのために働き、チームを支える存在になれると考えていた。そうした選手が必要だ、という世論も多く、自分への期待を後押ししてくれていた。

だから、メンバー発表の前から、日本代表に「選ばれたとき」の心の持ちようと、「選ばれなかったとき」の心の持ちようの両方を用意していた。それがあったから、たとえ選ばれなかったとしても、それほどショックは受けないだろうと思っていた。

しかし、自分が想定していた以上に、自分に期待していた自分がいた。メンバー発表が終わり、自分がブラジルワールドカップを戦う日本代表に選ばれなかったとわかったときには、心は大きくかき乱され、激しく揺れ動いた。

そこから、しばらく記憶はおぼろげで、たしかバスの後方ではメンバーに選ばれた嘉人を祝福するチームメートの声が響いていたように思う。

同じチーム内に、メンバーに選ばれた人と選ばれなかった人がいる。それでは自分以上に周囲が気を遣うだろうと考え、空港に着いてからは、なるべくみんなと離れようと努めた。遠征先のホテルに着いてからも、夕食は時間を遅らせて食事会場に向かった。

AFCチャンピオンズリーグのFCソウル戦は2日後。練習以外の時間は一人、ホテルの部屋にこもっていると、自暴自棄《じぼうじき》に陥った。

時間にすればわずか一瞬だが、すべてがどうでもよくなった。サッカーをやめる、やめないということではなく、本当にただ「どうでもいい」と思ってしまったのだ。

中学生でサッカーをやめたときと、似たような感覚だった。2日後に試合があるのはわかっている。それでも、AFCチャンピオンズリーグや、川崎フロンターレや、サッカーといったすべてのことがどうでもよくなった。もしそこが日本なら、家族と一緒に過ごして、気を落ち着かせたり、紛らわせたりすることもできただろう。しかし、ホテルで一人きりだったことも、ネガティブな思考に拍車をかけた。

逃げ出せるならば逃げ出したい。投げ出せるならば投げ出したい——心情としては、そんな感覚だった。

ただし、自分が幸運だったのは、自然と気持ちを切り替えざるをえない状況にいて、なおかつ気持ちを切り替えられる環境にいたことだった。

ホテルとはいえ、朝起きてチームメートと食事をする。そのあとは練習の準備をして、体のケアをして、試合に向けて刻々と時間は進んでいく。依然として心は空っぽだったが、ボールを蹴ることで、心を切り替える、心を取り戻すことができた。

試合前のウォーミングアップでチームメートとパス交換をしたとき、少しでもトラップがずれると「ミスった!」と思う自分がいた。少しでもパスのコントロールがずれると、代表のことは一瞬頭から消え、「次は正確に」と思う自分がいた。自暴自棄に陥った心が、サッカーを続けてきたことによる習慣やこだわり、サッカーそのものに救われた瞬間だった。

自分にとって、いつもの日常を過ごすことで、半ば強制的に気持ちは切り替わった。ボールを蹴ることが、自分を立ち直らせるスイッチになっていた。要するに、好きなことをすることで、気持ちが晴れたのだ。無我夢中になれるもの、無心になれるもの、そして自分がこだわるものに没頭することも、揺れ動いた心を正す方法の一つだと、そのとき実感した。

挫折を糧にして「過去を変える」方法

誰しも挫折を感じて落ち込んでいる最中が最も苦しいはずです。ポジティブな感情を抱けず、自分や周囲の人々、環境を責めたり、恨んだりしてしまいがちです。小中学生時代の憲剛さんも同様でしたが、彼にとってはその挫折が大きな転換期になっていることがよくわかります。誰しも渦中にいるときは見えないものですが、その後、成功したときには、人生における必須の経験だったことを実感します。挫折が成長の糧やバネになりうるのだということを知っているのと、知らないのとでは、立ち直り、前に進むのにかかる時間も変わってきます。彼自身が、過去の挫折体験をあからさまに語っているのは、説得力のある教えであり、挫折から脱却するテクニックを授けてくれているようでもあります。

その際、彼は「手放す」ことの効能を教えてくれています。これは「逃げる」のとは大きく異なります。挫折した物事から逃げるのは、二度と見ない、考えない、捨てることを意味します。一方で、手放すのはいったん離れて心の奥底に眠らせておくこと。憲剛さんの場合は、手放すことで「サッカーが好きだ」という心の声を聞く時間を確保していたのではないでしょうか。まさに一人でボールを蹴っていたときは、自分の心と対話していたのでしょう。そして、好きなものを極めていく過程において、他者とではなく、過去の自分との比較で成長することが喜びだと気づきます。「過去は変えられない」とよく言われますが、成功した時点からみれば、辛かった過去に対する見方も変わることを教えてくれているのです。

「あと1回」が心を強くする

楽な道と険しい道があったとする。どちらかに進む決断を迫られたとき、自分はレベルアップするために、常に険しい道を選択するようにしてきた。

レベルアップという表現を使ったのは、人生はロールプレイングゲームのようなものだと思っているから。少しでも経験値を積めば、自分が強くなれる可能性が高まる。サッカー選手だった自分で言えば、シュート練習を10回でやめるところを、もう1回、2回と増やしてみる。筋トレも10回でやめるところを、11回、12回と増やしてみる。自分に対し、そのときどきのベストを課し、最大の負荷をかけることを常に意識した。10回よりもさらに負荷をかけたもう1回、2回が大事で、それが自分を強くするからだ。

ここで用いている「強さ」とは、肉体を鍛えるという意味だけではない。1回、2回と、自分の目標を超えることで強くなるのは、自分の「心」だからだ。

また、最初から高すぎる目標設定をする必要はない。あまりに高い山を登ろうとすると、途中で心が折れて登ること自体を諦めてしまう。自分が登れる山、はたまた段数、回数を設定すればいい。それを少しずつ、少しずつ上げていくことで、いつか高い山も登れるようになる、もしくは山を登り切っていると考えていた。

だから結果的に、中学時代に経験した挫折も、正確に言えば僕は乗り越えてはいない。そのときの自分が登ることができる山を選んで、一歩ずつ歩を進めただけだ。

その道の先に高校、大学があり、今の自分がレベルアップするためには、何が必要で、何をすればいいのかを、その都度、考えて、そのときの自分と戦ってきた。

そのため、いつも自分の心には、こう問いかけていた。

「ここで楽な道を選んだら、(中学生の)あのときの自分に戻るぞ。あのときに戻りたくないだろう」と。そう問いかければ、苦しくてもあと1回、あと一歩が出る。そうやって自分自身の心を鍛えてきた。

自分が練習でいいプレーをし、それを試合でも表現することで、最終的にチームが勝利する。シュート練習や筋トレの回数と同じで、一つの勝利が成功体験となり、自分の心を鍛え、成長するポイントになっていた。

一つひとつのプレーも同様だった。練習で取り組んだスルーパスが、試合で同じように出せたら、それが自分のものになり、自信になっていく。

自分にとって、サッカーは自分を映す鏡であり、自分を表現するすべてだったから、自分に嘘はつきたくないし、そのときのベストを突き詰めたいと思いながら取り組んできた。プロになってから思い描いていたのは、試合で活躍する中村憲剛であり、周りが期待している中村憲剛を見せられるかどうかだった。

子どものころはその「周り」が両親であり、2人の姉であり、友だちやクラスメートだった。プロになってからは、そこにファン・サポーターのみなさんが加わり、一緒にピッチに立っている仲間や、自分を起用してくれた指導者の人たちになっていった。その人たちの期待に応えられる自分であるために、僕は自分の心を育て、鍛えてきた。

その根底には、誰よりも自分が中村憲剛のファンだったというのがあって、それが大きかったように思う。周りの人たち以上に、自分自身が期待している自分に少しでも近づきたい。その思いが、もう1回、あと一歩を自分に踏み出させてきた。

努力は必ず報われるのか？

選手のときも、選手を引退してからも、多くの人と触れ合うなかで、よく聞かれることがある。

「好きなことが見つからないのですが、どうすればいいのでしょうか？」

好きなことが早々に見つかった自分にとっては、とても重い質問だ。

個人的には、好きなこととは自分がやっていて楽しいことだと思っている。ゲームをやっていても楽しいと思うことはあるし、漫画や映画を見ていても楽しいと思うことはある。家族や友人と一緒に過ごす時間にも、楽しいと思うことはたくさんある。

そうした楽しいことの先に、好きなこと、やりたいことはあるのではないかと感じている。

自分の場合、それがサッカーで、その後も多くのことに出会ってきたが、サッカー以上のものは見つからなかった。また、その好きなことをやり続けたことで、結果的に職業になり、今日につながったと思っている。

同じようによく聞かれるのが、「努力は必ず報われるのか?」という質問だ。

この質問もまた、とても深いし、難しい。

答えるとするならば、「努力は必ず報われると言える側面と、必ず報われるものではないという側面に分かれる。報われなかったとしても、その努力をしたことは疑いようのない事実であり、その努力で得たものは、あなたのなかに間違いなく残り、その後の人生で役立つときが必ずくると思う。ただ、結果を残した人はおしなべて努力をしている」になる。

僕のここまでのキャリアと照らし合わせて見ると、努力はどんな立場の人でも報われると強く伝えたい。結果論かもしれないが、苦しい学生時代を経て、J2リーグに在籍するチームでプロになって、ポジションをつかみ、J1リーグに昇格して、タイトルを獲り、日本代表になれた。エリート街道を通ってこなかった自分だからこそ、伝えられる言葉だと思っている。

そして、プロに入ってからも報われない時期が15年と、とてつもなく長かっただけに、諦めなければなおさら努力は報われると信じている。

ただし、報われなくても「やり続ける」ことで得られたものは多くあった。振り返れば毎年のように望んだ結果で終わることはなく、悔しいシーズンオフばかりだった。しかし、タイトルが獲れなかったからこそ、30歳をすぎても諦めずに、そこを目指して努力し続けることができたし、その先のタイトルにつながったと思っている。

大学3年生や4年生になるまで、僕のなかでプロは現実的な目標ではなかった。

高校生のときは、まずはレギュラーになることを目標にスタートした。それでレギュラーになれたら、次はチームを勝たせることが目標になり、その先に（結果、全国大会への出場は叶《かな》わなかったけれど）高校サッカー選手権の出場が目標としてあった。大学でも同様に、そのときそのときで目の前の目標があり、それを一つずつクリアしていくことで、次の目標につながっていった。

もちろん、試合では負けることも数え切れないほどあった。努力した結果、試合に負けたのであれば、自分、もしくは自分たちに足りないところがあった証《あかし》であり、次の目標に向けてまた積み上げていく。その繰り返しが、自分を形成してきた。

だから、勝った試合も負けた試合も、経験してきたことに無駄は一つもないと思っているし、そのすべてが中村憲剛を形作ってきた。

よく、物事が徒労に終わると「この経験や時間が無駄だった」もしくは「もったいなかった」と嘆く人がいる。でも、僕自身は決してそうは思わない。なぜなら、その時間すら、自分を形成する時間になっているからだ。その時間を無駄と思うか、何かを得られたと考えるかは自分次第。だからこそ、心の持ちようで、心は育むこともできるし、心は鍛えることもできる。その鍛えられた心が成長への欲求を駆り立て、努力をし続けることによって、自分が望む姿を形成していくと思っている。

自信を得るために必要なこと

心と同じように、自信もまた日々の取り組みによって作られていくものだと思う。サッカーで表現すると、練習グラウンドで、チームと自分がどれだけこだわり、研《と》ぎ澄まし、そして突き詰めてやり続けることができるか。その基準が高ければ高いほど、培《つちか》う自信は大きなものになっていく。

川崎フロンターレが２０１７年にＪ１リーグで初優勝した直後の時期は、他のクラブと戦うスタジアムのピッチよりも、チームで練習するグラウンドが最も厳しい場所だった。試合のほうがやさしいと思えてしまうような環境だったからこそ、本番で自信を持ってプレーできていた。

練習が甘い、もしくは足りていないと感じてしまうと、どうしても試合に対して不安が残ってしまう。それが自信の欠如や自信の綻《ほころ》びになっていく。

これはタイトルを獲ったことでわかったことだが、それまでも練習では常に厳しさを求め、質にこだわってきたつもりでも、勝てないときはやはりどこかで抜けはあったし、水は漏れていたし、認識も甘かったと思う。

優勝したときは、その抜けがなく、漏れもなく、認識は厳しかったし、基準がとても高かった。その経験＝基準が自分のなかにできたことは、チームにとっても、自分にとっても大きかった。

なぜなら、基準こそが、目に見えることのない勝てるチームの空気感を作り出していくからだ。

では、タイトルを獲れたときと、タイトルを獲れなかったときで何が違うのか。タイトルを獲れなかったときは一度、試合に負けてしまうと、その事実が消極性へとつながっていた。しかし、タイトルを獲ったあとは、「これ以上のことをやれれば試合に勝てる」という〝目盛り〟がわかるから、それができる自信へとつながっていく。

要するに、自分を信じられる指標が自分のなかに生まれる。それが自信だった。

日常のトレーニングで、これだけ研ぎ澄まし、突き詰めたのだから、試合でボールを奪われることはないと思える。日々のトレーニングで、これだけこだわったからこそ、試合でゴールを決めることができると思える。その自信を手にしているから、本番である試合で慌てることや、あたふたすることも減っていく。自信は、目に見えるわけでもないし、数値化できるものではないが、自分たちがまとう空気が変わってくる。それによって、自分たちが相手を見る目が変わり、また相手が自分たちを見る目も変わっていく。

おそらく、川崎フロンターレがタイトルを獲れなかった時期に、何度も優勝を経験していた鹿島アントラーズに感じていた雰囲気とは、そうした自信だったのではないかと思った。一人ひとりが醸《かも》す自信がチームの自信になり、それがピッチに充満しているから、僕らはそれに飲まれてしまっていた。

一方で、僕ら自身は感じることはできないが、川崎フロンターレがタイトルを獲ってからは、同じような感覚を相手チームも抱いていたのではないだろうかと思う。

さらに言えば、僕らは相手を見ているようで、常に自分たちに目が向いていた。それは試合で活躍しなければ、すぐにポジションを取って替わられてしまう怖さがあったからだ。自信を手にしたことにより、チームの基準が上がったことで、チーム内の競争はより激しくなる。だから、ピッチに立ったときには、いかに自分を表現し、自分の武器をチームの勝利に還元できるか、そしてどう相手を圧倒して勝利するかにこだわった。

川崎フロンターレに初めてタイトルをもたらした鬼木達《おにきとおる》監督は、「3点以上取って試合に勝利しよう」と言って、選手をピッチに送り出していた。

その言葉が、相手よりも、自分たちが活躍することに目を向けさせてくれた。そして、実際に3点以上を奪って勝利することが、さらに自信を深める原動力になっていた。

自分の幸せと周囲の幸せが一致する生き方

憲剛さんと対話して強く感じるのは、「周りの人を笑顔にするために、喜ばせるために、自分はサッカーをしていた」と心の底から思っていることです。だからこそ、彼はどんなに打ちひしがれ、辛い出来事や苦しい経験があっても、そこに自分を成長させる意味を必ず探していました。

そして、憲剛さん自身は、自分の理想を追求するために目標を設定して、そこを超えることで自分の心を鍛え、強くしていきました。それは何のためだったかというと、「勝負に勝つため」と定義しています。その勝負に勝とうとするのも、自分自身と周囲の期待に応えるためだと書いています。すなわち、自分の理想を追求していくことが、冒頭でも記したように周囲の人たちの幸せにつながる、と認識していたわけです。自分の幸せと周囲の幸せが一致する。そういう生き方や考え方が、私たちも含めたみんなが目指す方向性であることを示してくれているようにも感じます。

憲剛さんの場合は、己の技術や能力が高まれば高まるほど、応援してくれる人たちの喜びに直結していました。そして、その喜びは自分を映す鏡でもあったわけです。「自分を表現するすべてがサッカーだった」という言葉にも、彼の心理や心情はうかがい知ることができます。

自分が輝くことで、周りも輝く。生計を立てるため、出世するためなど、自分自身の幸福のみを追求して仕事をしている人もいるかもしれませんが、誰かの笑顔のために、世の中が美しく輝くために仕事に向かっているのかどうか、改めて私たちも考えさせられます。

好きなことをがんばるのは努力じゃない

サッカー選手には、リーグタイトルという1年間を通して目指していく目標が明確にある。その指標があるから、自分、もしくはチームの取り組みが正しかったか、正しくなかったのか、その答えがわかりやすい。

ただし、タイトルが獲れなくても、目の前にある1試合での勝敗、そこでのゴールやアシストなど、その節目節目で得られる達成感や充実感もある。それを周りに置き換えて考えてみると、会社員の人なら、上司や同僚から評価される、褒められる瞬間でもいいだろう。学生ならテストの点数や、部活の結果や成績がよかったことでもいいだろう。自分の行動が、同僚や友人、家族から褒められる、感謝されるといったことも当てはまる。何が言いたいかというと、たとえ小さなことでも、自分を肯定してもらえることが、成功体験として自分の成長につながっていくということだ。

行動の過程には、陰ながら取り組んでいたことや相手を思いやる行動など、何かしら自分の働きがあるはずだが、実は僕は、ことサッカーにおいてはそれを「努力」だと思ったことがない。

発言としては「努力」という言葉は用いるが、練習で走ること、ボールを蹴ることを努力と思って取り組んだことは一度もない。うまくなるために、歯を食いしばって努力してきたのかというと、少し感覚や意識は異なる。練習は、自分が試合に勝つために、自分が成長するために、自分が期待する自分になるために取り組んできたことだった。


それはすなわち、自分を肯定するため、自分を肯定してもらうためだった。自分にとって、それは喜びであり、周りの人に喜んでもらうことでもあった。だから、自分が好きなこと、好きなものに対して、がんばることを努力とは思っていなかった。

自分自身に矢印を向け続けていたのは、その先に応援してくれるファン・サポーター、信頼してくれている監督やチームメートの笑顔や喜びがあると信じていたからだ。そのためならば、厳しい練習も、きついトレーニングも苦労や努力とは思っていなかった。

感謝はどこから湧いてくるのか

サッカーを始めるきっかけを与えてくれたのは母親だった。幼少期、ボールをもらうと投げるよりも蹴るのが好きだったことから、サッカーが向いているのではないかと、府ロクサッカークラブに加入させてくれた。小学生時代は他にも、ピアノ教室や絵画教室にも通わせてもらった。しかし、すでにサッカーにのめり込んでいた自分は、ピアノを弾くのも、絵を描くのも向いていないと感じ、「やめたい」と母親にお願いをした。

なぜ、サッカーだったのか。自分が得点を取ったらチームメートが喜び、監督やコーチが喜び、観戦に来ていた保護者たちが喜ぶ瞬間がある。自分ががんばることで、周りの人が笑顔になるのがうれしく、それがサッカーというスポーツに魅入られた原点だったように思う。それはプロになってからより強くなり、常に自分の根っこにあった。

大学を卒業して、川崎フロンターレでプロサッカー選手としての一歩を踏み出すとき、父親から教えられたことがある。

「感謝、感激、感動」

中村家の家訓だと教わった。初めて聞いたときは「家訓なのであれば、もっと早く教えてくれても……」と思ったが、プロサッカー選手として過ごした18年、そして選手を退いた今も、その言葉はいつの間にかしっかりと自分の礎《いしずえ》になっていた。この「感謝、感激、感動」は、サッカーを始めたときから、すでに自分の心のなかに、たしかな喜びとして存在していたからだ。

子は親の背中を見て育つとはよく言うけれども、父親から授かったその言葉を大切にしてきたように、僕は父親の影響を多分に受けている。自分にとって母親は柔らかく、かつ芯の強さのある人だった。一方で、子どもだった自分にとって父親は怖い存在だった。父はサッカー経験者ではなかったが、社会に出て日々戦っていただけに、とにかく勝負にこだわる人だった。だから、チームが試合に負ければ「お前がゴールを決めないからだ」と発破をかけられ、自分のせいでチームが負けたと諭《さと》された。父親がチームやチームメートのプレーについて指摘や批判をするようなことは一度もなく、その矛先は常に自分に向いていた。そのため、一度サッカーをやめた中学時代以降、プロになってからも、他人のせいにすることなく、自分にベクトルや矢印を向けるようになった。

子どものころは父親が怖くて家出したくなったこともあったが、中学生になり一時期、サッカーから離れたときには、何も言われなかったことは覚えている。

自分からサッカーをやめたことは言い出せなかったが、母親から聞いて知っていたであろう父親が、「サッカーをしろ」「練習に行け」と言うことは一度もなかった。自分も父親になった今、子どもが同じ状況になったとしたら、同じように接することができるかは確信が持てない。それだけに、多感な時期にそっと見守ってくれたことには感謝している。

父親からは、箸の持ち方やテーブルマナーから挨拶、さらには相手の目を見て話すことなど、人とのコミュニケーションを図るうえで大切なことも教えてもらった（叩き込まれた、と言ったほうがいいかもしれないが）。おかげで常に人の目を見て話す習慣がついたことで、その人が本気で自分に向き合ってくれているかどうか、何を考えているか、どう思っているかがわかるようになった。

そんな中村家には神棚があり、それが日常でもあったため、自分も結婚して家を建てた際には神棚を作った。また、試合前には大切にしているお守りで、スパイクをこすったり、足をこすったりしていたのだが、自分の心のなかにいる神様と対話するようになったのも、父親の影響を受けていたからかもしれない。

そのため、すべての物事には何かしらの意味があると思って過ごしてきた。それが、出会ったすべての人や起きたすべての出来事に、感謝する思いにもつながっている。

2019年11月2日、39歳になった直後の試合で、左膝の前十字靭帯を損傷する大ケガを負った。全治7カ月の負傷だった。もちろんショックも受けたし、心はひどく落ち込んだ。40歳になる翌2020年で、選手を引退しようと考えていただけに、なおさらだった。

でも、僕はこのケガにすら意味があると考えた。

「引退するための、道を作ってもらった」

自分にとってマイナスな出来事でも、プラスにする契機だと捉えた。

そして、必ずケガを治して、ピッチに立ち、活躍して選手を引退しよう——と決意した。

もちろん手術は不安で、リハビリは険しく、日々が自分の身体と心との戦いだった。

そして、負傷から9カ月後の2020年8月29日、J1リーグ第13節の清水エスパルス戦で途中出場し、ゴールを決めた。40歳の誕生日を迎えた10月31日、J1リーグ第25節の

ＦＣ東京戦でチームを勝利に導く決勝点を決め、翌11月1日に、現役引退を発表した。

ケガから復帰しただけでなく、現役最後となった２０２０年は、Ｊ１リーグ優勝と天皇杯優勝という二つのタイトルを手にした。

２０２１年1月1日、国立競技場でユニフォームを脱いだときには、自分で切り開いてきた道ではあるが、周りに道を作ってもらったことにも感謝した。

そうやって、自分のなかにいる自分や、目に見えないものにも感謝し、対話を続けてきた。

自分にとってサッカーの原風景が、周りが喜んでくれる笑顔だったように、人に喜びを与え、人の役に立ち、そして人の力になりたいと思ってきた。それはプロサッカー選手になってからはより顕著になった。

間違いなく、中村家の家訓である「感謝、感激、感動」は自分の心を育てる栄養になっていた。

感謝・感激が人に感動を与えるための必要条件

憲剛さんの子ども時代の話に、たびたび登場するのが父親です。子どもに厳しい父親であったようですが、自分自身に対しても厳しく生きてきた人なので、発言や行動に説得力があったのでしょう。彼の生き方において、父親の存在や教育は決して無視できません。中学時代、憲剛さんがサッカーから離れた時期には、口を出すことなく見守り、自己責任で動くよう促しています。愛情と信頼は似て非なるもので、我が子に無償の愛情を注げる人はいますが、信頼して見守ることができる人は決して多くありません。

その父親は、彼の生き方に大きな影響を与えた存在でした。自分を見守っているもっと大きな存在があること、自己責任を貫くこと、すべての物事には意味があることを、まさに背中で教えてきたのです。憲剛さんが40歳で前十字靭帯を損傷した際、「このケガにも意味がある」とポジティブに考えることができたのも納得できます。

その中村家の家訓だという「感謝・感激・感動」について、憲剛さんに意味を尋ねたことがありました。彼は「人に感謝して、人に感激したら、今度は人に感動を与えなさい」と、趣旨を説明してくれました。それが彼にとっての生きる核であり、生きる理念になっているのです。人や物事に対して感謝・感激することが、人に笑顔や喜びを与えるための必要条件である。感謝・感激が、最終的に「感動」を与えることができる結果につながっていく。その核と理念が、他者や周りを肯定する気持ちになっていると感じて、腑《ふ》に落ちたことを覚えています。

心は変わっていくもの

ここまで、若い時分から、さも心が正されていたかのようにつづってきたが、学生時代の僕は、自分に対してだけでなく、周りに対しても厳しい性格だった。

試合でミスをした選手に怒ることもあったし、強い口調で指摘したこともある。

プロになってからも、癖というべきか、性格というべきか、その傾向はなかなか変わらず、勝負ごとになると自分の感情が抑えられなくなることが、自分の足を引っ張っていると思うことも多々あった。

2003年に川崎フロンターレでプロになり、試合で経験を積み、徐々に自信がついてからは、その傾向はピッチのなかでも、存分に発揮されてしまっていた。当時の自分は若手で、二つ年上の先輩であるものの気心の知れたチームメートの伊藤宏樹《いとうひろき》さんがすべてを受け止め、吸収してくれるのをいいことに、試合中も暴言を吐いていた。

「何で、そこでボール奪われてんだよ！」

「そこでちゃんとつなげよ！」

試合中に繰り広げられる僕と宏樹さんのやり取りは、当時のチーム内ではもはや名物になっていた。

宏樹さんとは公私ともに仲がよく、懇意にしていたこともあり、自分は完全に甘えていたのだ。

自分がチームの中心になってきたという自信を持ってからは、その矛先は、後輩たちにも向いていたはずだ。２００６年に川崎フロンターレに加入したFWの鄭大世《チョンテセ》には、ずいぶんと厳しく接していたように思う。

「そこでお前が（ボールを）キープできなかったらどうするんだよ！」

「お前のプレーがそれじゃあ、試合にならないだろ！」

のちのちテセは「厳しい要求が自分の成長になった」と感謝を示してくれたが、当時はおそらく怖い先輩だと思っていたに違いない。

思い返すと、20代半ばは自分自身も尖《とが》っていたように思う。２００６年には日本代表にも選ばれるようになり、チームにも、チームメートにも、より一層、厳しさと要求が増していった。タイトルが獲れていなかったという焦りや、チームを勝たせたいという気持ち、自分自身もさらに成長したいという思いが、周りや他人に対しても向いていた。

自分の厳しい要求に対して立ち向かってくるテセのような選手もいれば、自分が言いすぎたせいで自信をなくしてしまった選手もいたかもしれない。

そうした、自分にも周りにも厳しかった僕の心が明らかに変わったと思える出来事があった。

出し手であるパサーと受け手であるストライカーとして、前任のキャプテンと後任のキャプテンとして、苦楽をともにしてきた小林悠《こばやしゆう》とのやりとりをここで紹介したいと思う。

試合になると負けん気の強さが出る悠が、シュートが打てる位置に走っていたにもかかわらず、僕がパスを出さなかったときに、こう叫んだ。

「出せよ！」

以前の自分だったならば、後輩に強い口調で責められ、カチンときて言い返していただろう。だが、彼がいい位置に走っていることが見えていなかった自分に非があることを素直に認めて言った。

「ごめん！　見えてなかった！」

その言葉を聞いて、悠は先輩である自分に対しても「要求しても構わないんだ」と思ったのだろう。そこからさらにお互いの呼吸やコンビネーションは研ぎ澄まされていった（日々、言い合いをしながらだったが。苦笑）。

それくらい、20代半ばの自分と、30代半ばの自分とでは、周りに対するアプローチも、周りに対する接し方も変わった。

心が変わったきっかけ

僕の心が変わったきっかけは、第三子の里衣那《りいな》が、この世に生まれてきてくれたことだった。

2016年3月29日——我が子をこの手に抱いた瞬間を、僕は生涯、忘れることはないだろう。

長男である龍剛《りゅうご》が生まれたのは2008年、長女である桂奈《けいな》が生まれたのは2010年だった。父親になったことで、それまでにも考え方や性格に変化はあったが、次女の里衣那が生まれたときは、自分の人生観や価値観が大きく変わった。

夕食後に妻が「破水したかもしれない」と声を上げたのは、妊娠14週目だった2015年10月21日のことだった。義母とともに病院に向かった妻は、そのまま入院することになった。

翌日、練習を終えて病院に呼び出された僕は、義母とともに担当医から説明を受けた。

「非常に危険な状態にあると言えます。奥さんの命が危険な可能性があるので、お子さんを諦めることもお考えください」

妻は前置胎盤という状態だった。出産時に大量に出血する可能性があり、危険が伴うため、妻の命も、子どもが無事に生まれてくる保証もできないと告げられた。

自分の耳を疑った。担当医からはよく相談して決めてほしいと言われたが、自分には妻と子どもの命を選ぶことなどできなかった。


それから数日間は、これまで経験したことがないくらい、泣きに泣いた。

練習をしていても手がつかず、考えれば自然と涙があふれてくるくらいに泣いた。

それでも僕には、人の生死を決断することなどできなかった。

「この子を産める可能性があるなら、少しでも探したい」

そう言った妻は、診てもらえる病院を探した。病院が見つかってからも、出産するまでは、何があるかわからず、妻も自分も、常に不安と隣り合わせだった。

里衣那がこの世に生まれてくるまでは、自分が見ている景色はまるでモノクロのようだった。２０１６年3月29日、彼女が生まれてきた瞬間、自分が見ている景色は再び色を取り戻した。

その出来事があってから、僕は当たり前のように日々生活することができるありがたさ、サッカーのことを毎日考えられることのありがたさを噛《か》みしめるようになった。

自分が、自分自身のプレーやチームの勝敗に一喜一憂できる日常がどれだけありがたいことなのか。そして、それが決して当たり前ではないことを教えてもらった。

人の生死よりも重いものはない——という出来事に直面して、日々への感謝と、思い切りサッカーができることへの喜びを感じて、僕の心は大きく広がった。

心の持ちようも、目の前に広がる景色も変わり、心に余裕が持てるようになった自分をまざまざと感じたことで、心が変わった。

それまでの自分は、他者に対しての優しさも持ち合わせていたが、同時に他者への厳しさも持ち合わせていた。でも、里衣那の誕生をきっかけに、他者の姿勢や行動、言動も含めて、さまざまなことを許せるようになった。それは自分と同様に、周りの人たちも、生活しているいろいろなことを抱えながら生きていることを実感したからだ。自分自身も、周囲に迷惑をかけないように、妻の症状や状態をごく一部の人にしか明かすことができなかった。同じように、誰もが大変な事情を抱えながら生きている可能性がある、と考えるようになった。そう思ったら、自然と厳しさは取り払われ、以前よりも人に優しく接することができるようになった。

里衣那が生まれた翌4月、Jリーグ月間MVPに選ばれる活躍ができたこと、さらにその2016年にJリーグ年間最優秀選手に選ばれたことは、決して偶然ではないと思っている。

心の変化は、自分自身にも、そして周りにも変化を生み、タイトル獲得という成功へとつながっていった。

だから、僕は思う。心は育めるし、鍛えられるし、そして変わると——。

「当たり前」を当たり前だと思わない

第三子である里衣那さんが誕生するまでのエピソードは、私たちにとっても、当たり前にあると思っていることが、決して当たり前ではなく、与えられていたことに気づかせてくれます。

憲剛さん自身にとっても、奥さんや娘さんの生命の危機に直面したことは、サッカーの試合に勝つ、負けるといった勝負ごとを超えた外に、本当に大事なことがあるのだと知る契機になっているように感じます。また、その出来事を通じて、物事の背景には多くの人たちの協力があり、同様に彼らにも、それぞれの人生があることを知るきっかけにもなっています。

それから「感謝・感激・感動」のスケールはさらに拡大してプレーにも表現され、Jリーグ史上最年長での年間最優秀選手賞獲得につながっていきます。「愛の質」が変化することで、まさに心が拡大していくことを教えてくれています。

以前の彼は、他人に厳しく接する=相手を教育する=仕事の質が上昇する、と考えていました。要するに人を「生かす愛」だったように思います。

一方で、里衣那さんの誕生を経て、そのうえに人を「許す愛」があることに気づいたように感じます。日常生活において、不平や不満はいくらでもアピールできますが、すでに与えられているものに対しては当たり前に感じ、感謝を忘れている人が多いように思います。その当たり前に感じていることに感謝できるようになるために、ときには挫折や試練が必要なのかもしれません。

彼自身の心が拡大しているように、心は育めるし、鍛えられるし、日々変わっていきます。

第2章

信頼を得るための処方箋

やるべきことをやる

自分自身が小さいころから今に至るまで、大切にしてきたことの一つに、次のテーマがある。

「やるべきことをやる」

自分にとってやるべきことをやらない、もしくは、やるべきことから目を背ける行為に、子どものころから違和感や不快感を覚えていた。

例えば学生時代なら、テスト勉強が当てはまる。「この程度まで勉強しておけばいいだろう」ではなく、「ここまでやってダメなら仕方がない」という領域もしくは次元まで、取り組んでおきたい性格だった。

授業も同様だ。自分は授業中に寝てしまったことによって、テストの点数が、3点でも

2点でも1点でも下がってしまうことが許せなかった。「授業をしっかり受ける」という行動は、自分にとって、最低限の「やるべきこと」であり、だから僕は授業中に寝たことは一度もなかった。

決して授業中に起きていることだけが偉いわけではない。居眠りをしてしまってもテストで高得点を取れる人もいるかもしれないし、授業の内容を理解できる人もいるだろう。それでも、自分は、やるべきことをやらなかったことで、後悔するのが嫌だった。

常にベストを尽くすという考え方は、サッカーだけでなく、日ごろの生活から身につけた素養の一つだと感じている。

そして、「やるべきことをやる」というモットーは、当然、サッカーにおいては強いこだわりになっていった。

サッカー選手にとっての本番である試合に向けた日々の練習で全力（＝ベスト）を尽くすことはもちろん、試合までの1週間の準備、コンディション調整や食事管理、ルーティンなど、やるべきことはすべてやったうえで、毎試合臨んでいたし、臨みたかった。

それは自身を省みる、自己分析についても同様だ。自分自身だけでなく、周りの状況や置かれた環境、すべてを含めて分析して、自分が何をするのが最適かつ的確なのか。漠然としたものに取り組むのではなく、自分自身を主観的にも客観的にも分析して、具体的な課題や問題に取り組んでいた。

その課題や問題、はたまた答えをこと細かにノートに書くようなことこそしていなかったけれど、自分の頭のなかで常に情報を整理し、考えや答え、傾向や対策を導き出すことで、自分の頭や心の成長速度が加速し、目線を上げる、確度を上げる理由の一つになっていた。

自己分析という作業も、自分にとっては、「やるべきこと」の一つだった。

愛着を持つと環境は変わる

プロサッカー選手を引退したあとも、ありがたいことに仕事やプライベートで多くの人に出会ってきた。サッカー界に留まらず、さまざまな業種や立場の方々と接する機会も多く、その際には、こちらが質問を受けることもあるし、逆に質問することもある。

例えば、経営者の方には「愛社精神を持たせるにはどうしたらいいか？」、社員の方には「帰属意識を持つにはどうしたらいいか？」と、聞かれることがあった。

プロサッカー選手だった自分に置き換えてみると、「愛社精神」や「帰属意識」は「クラブ愛」になるだろうか。

僕自身が、所属してきた川崎フロンターレに大きな「クラブ愛」を抱いていたように、「愛社精神」や「帰属意識」は大切なものだと思う。一つの組織が目標に向かって進んでいくためには、なおさら、この精神や意識が大きな力になるからだ。

これまたプロサッカー選手に当てはめてみると「移籍」に当たる「転職」というキャリアアップが、社会において一般的になりつつある今の時代、「愛社精神」や「帰属意識」といった言葉は、もはや前時代的な考えになりつつあるのかもしれない。

そこで、物事の考え方や見方を変えてみるのはどうだろうか。

「愛着」

普段から身につけている物や頻繁に使用する物に「愛着」を抱くように、日々置かれている環境や日々を過ごしている組織に「愛着」を持つことで、考え方や見え方も変わってくるのではないだろうか。

僕にとって、川崎フロンターレというクラブは「愛着」そのものだった。

とはいえ、最初から川崎フロンターレに愛着を持っていたわけではない。大学4年生だった2002年に、何とか練習参加へとこぎ着けたときは、まだ、そうした気持ちは全くなかった。当時の知識は、川崎の名前が付いているように川崎市をホームタウンに活動するクラブだということ、J2リーグを戦っていたことくらいしかなかった。当時のチームがどのようなサッカーをしているのか、当時のチームにどんな選手がいるのかもほとんどわからず、むしろ情報としては他のクラブのことのほうがよく知っていたくらいだ。

愛着を抱くきっかけは、やはりプロになった２００３年だ。大学時代に他のＪリーグクラブから声がかかるわけでも、練習参加の許可を得られたわけでもなかった自分は、川崎フロンターレに「拾ってもらった」という感謝があった。

その感謝がまさしく愛着への第一歩になった。

また、僕が川崎フロンターレのホームである等々力陸上競技場でデビューした２００３年3月22日の湘南ベルマーレ戦（Ｊ２リーグ第2節）は、観客数が７３５７人だった。雨が降っていた２００３年4月5日のヴァンフォーレ甲府戦（Ｊ２リーグ第4節）は、たったの２４３８人だった。数万人が集まってスタジアムが満員になることも多い昨今と比べると、人気、知名度の差は歴然だった。川崎フロンターレのホームゲームでの平均観客動員数だけを見ても、僕が加入した２００３年は７２５８人だったのが、Ｊ１リーグに昇格した２００５年は1万３６５８人、加入から10年が経過した２０１３年が1万６６４４人と、右肩上がりに伸びている。自分の成長とともに、クラブもまた、少しずつ、一歩ずつ大きくなっていったことも、クラブに愛着を抱く理由になっていた。

それは、まるで運命共同体であるかのように——。

等々力陸上競技場をファン・サポーターでいっぱいにしたい。満員のスタジアムで大歓声を浴びながら試合をしたい。その思いが、自分自身の目をファンサービスや地域貢献活動に向けさせるきっかけとなった。そうやって、クラブのスタッフや地域の方々と触れ合う機会が増えていったことで、さらに愛着は増していった。

チームメート、クラブスタッフ、ファン・サポーター、地域の人々との距離はどんどん近くなり、家族や同志のような関係を築けたことが、クラブ愛へと育っていった。

自分を拾ってくれたクラブで、J1リーグに昇格したいという思いは、J1リーグに昇格してからはタイトル獲得という思いへと変わった。選手である自分にとって、恩を返すには試合の結果で示す以外になかったからだ。その思いは、15年間もタイトルに手が届かなかったことで、クラブへの愛着をより一層、育ててくれたと、今となっては思う。

幸いなことに、自分はプロサッカー選手生活のすべてを川崎フロンターレという一つのクラブで過ごした。海外でプレーした経験はないから比べることはできないが、国内においては、川崎フロンターレ以上に魅力的なクラブは存在しないと思いながらキャリアを全うすることができた。

関わる人たちを家族や同志と表現したように、愛着を持ったことで、川崎フロンターレは、ありのままの自分でいられる場所で、認めてもらえる場所で、やりがいのある場所になった。

18年も過ごしただけに、クラブ愛、すなわち愛社精神も芽生え、帰属意識も持っていた。ただ、僕自身も当初から愛社精神や帰属意識があったわけではないように、はじまりは愛着だった。

普段から身につける物に愛着を抱くように、愛着のある場所（組織）は、自分が背伸びをすることなく、周りの目を気にすることなく、自然体でいられる場所になる。

そして、ありのままの自分でいられるからこそ、自分の良さを出せるようになると思っていた。

クラブの歩みが一朝一夕ではなかったように、愛着もまた一朝一夕で育まれるものではない。

自分の愛着を周りにも感じてもらう

「運」も多分に重なっていたが、川崎フロンターレというクラブでプレーできたことは僥倖《ぎょう》《こう》だった。川崎フロンターレは、選手としてだけでなく、人間としても自分を成長させてくれるクラブだったからだ。

ピッチ内だけでなく、ピッチ外でも多くの人たちに囲まれていることを実感できるクラブカラーがあり、その色が自分にはとても合っていた。振り返ると、川崎フロンターレというクラブの理念や哲学に導かれるように、自分はサッカー選手としてだけではなく、一人の人間としても成長していったと感じている。

シーズン開幕直前には、毎年のように川崎市内にある商店街へ挨拶回りに出かけた。ルーキーイヤーだった2003年、J2リーグ開幕前に川崎大師にて必勝祈願を行ったあと、新人研修として数人の選手と一緒に平間の商店街を回ったことをよく覚えている。行く先々の商店で地元の人たちと触れ合い、チームのポスターを配った。最後はお寿司屋さんに立ち寄り、地元の人たちと一緒になってお寿司をご馳走になった。

大学生までの自分は、Ｊリーガーといえば、高額の年俸をもらって、高級自動車を乗り回し、高級レストランで美味しいものを食べ、常に周りにチヤホヤされているイメージを抱いていた。しかし、知名度が低かった当時の川崎フロンターレは、店先にポスターを掲出させてもらえるように自らお願いし、サインも自ら用意して、率先して渡すような環境、状況だったのだ。

ただ、その距離の近さが、自分がどんな人たちに応援され、自分が誰に支えられてプレーしているのかを知る契機になった。また、自分よりもはるかに大人の人たちと接したことで、社会を知るきっかけにもなった。

川崎フロンターレがＪ１リーグで初めて優勝した２０１７年シーズン、サポートのお礼も兼ねてシャーレ（優勝チームに贈られる銀皿）を持って川崎大師の仲見世通りを歩くと、懇意にしてくれているだるま専門店のおばちゃんが、「憲剛ちゃん！　見て！　見て！」と、僕がルーキー時代の写真をうれしそうに見せてくれた。そこに歴史の積み重ねを感じるとともに、自分が取り組んできた軌跡を感じられる出来事だった。

川崎という地域に応援されるクラブになる。川崎の市民に応援されるクラブになる。その思いを、クラブだけでなく、同じ選手である先輩たちのなかにも抱いている人がいたことも大きかった。自分が加入する前に現役を引退し、地域活動の礎を築いていてくれていた中《なか》西《にし》哲生《てつお》さん、二つ年上の先輩である伊藤宏樹さん、現トップチームの監督である鬼木達さん、2023年までコーチを務めた寺田《てらだ》周平《しゅうへい》さん……彼らが地域を思う考えを持ち、地域に根ざそうとする行動をしてくれていたことで、自分もそうした活動に目を向けるようになった。選手である自分の存在意義が、ピッチ内だけでなく、ピッチ外にもあることを教えてくれたのは、そうしたチームの取り組みであり、先輩たちが醸す空気だった。

それを自分もまた、自然と後輩たちに示していったことで、川崎フロンターレらしさは築かれ、自分の人格形成にも大きく影響を与えたことは言うまでもない。

川崎フロンターレのチーム内に、何か言語化された哲学や指標があるわけではない。だが、今では「川崎フロンターレらしさ」は確実に存在するように、「空気感」として選手たちが徐々に覚え、培っていくことが、今日の姿になっているように思える。

触れ合うファン・サポーター、地元の方々が、川崎フロンターレの選手をこう表現してくれたことがある。

「どこにでもいるような近所のお兄ちゃんが、めちゃくちゃサッカーがうまいといった感じだから親しみが持てるんだよね」

　サッカー選手だからといって、自分たちは特別ではなく、格式が高いわけでもない。いつも身近でサッカーボールを蹴っている人たちが、実はたまたまサッカー選手だったというくらいの距離感があったし、その距離感でいられるように努めてきた。そこに、面白さと強さが共存していることが、川崎フロンターレというチームのカラーであり、川崎フロンターレに所属する選手のカラーになっている。

　自分が川崎フロンターレに加入した２００３年当初から、20年が経った２０２３年の今も、選手たちが醸す空気感が変わっていないからこそ、川崎フロンターレは愛着を持たれているのではないだろうか。

　自分が愛着を持つものに対して、周りにも愛着を持ってもらうことが、さらなる愛着につながっていく。それは、愛社精神や帰属意識の向上にもつながっているように思う。

　だるま専門店のおばちゃんが見せてくれた若かりし自分の写真が、まさに周りからの愛着を感じる瞬間だった。

「思いの出入り」が愛着を作る

私が内科医として川崎フロンターレのチームドクターに就き、まだ間もないころでした。憲剛さんのお子さんが体調を崩し、奥さまが診察に連れてきたことがありました。すると、午前の診療が終わるのを見計らったように、まだ面識のなかった憲剛さんから電話がありました。さらに何かあったのかと心配しましたが、憲剛さんは「子どもがお世話になりました。ありがとうございます」と感謝の言葉を述べました。そうした言葉を電話で直接伝えられたことに対して、うれしかったのと同時に、彼にとって周りへのお礼や感謝は「中村憲剛としてやるべきこと」として行っているんだろうな、とも感じました。話を聞いても、学生時代から彼自身の「やるべきこと」のレベル、目線、確度が進化し、さらに人徳を得て、人から信頼される人間へと成長していることがわかります。私たちにとっても、彼の周りへの配慮や対応から学ぶところが多くあるように思います。

また、帰属意識や愛社精神が薄れつつある昨今、それを「愛着」という表現で言い換える憲剛さんの言葉選びも印象的です。愛着を作るのは「思いの出入り」。その対象への「思い入れ」がなければ愛着は芽生えないし、「思い出」ができるから、その対象に愛着を抱く。自分が縁を感じていること、物、人にそうした思いを持つことで、周りを幸せに導いていく。これもまた憲剛さんならではの考え方だし、今日の川崎フロンターレというクラブを築き、彩ってきたものなのだとわかります。何かしらのコミュニティに属しているみなさんも、共感できる部分があるのではないでしょうか。

役割が当事者意識を生む

プロサッカー選手として川崎フロンターレでプレーした18年間では、２００７年からゲームキャプテンを託された。また、２０１０年と、２０１３年から２０１６年までの計５年間はチームキャプテンも任せてもらった。

チームを束ねていくうえで、自分は性格的に、黙々とプレーして、背中でチームを引っ張っていくような寡黙なリーダータイプではないと思っていた。ボランチやトップ下といった中盤でプレーする自分は、ポジション的に攻守の両方に指示を出すことも多い。態度や行動だけでチームを牽引していくやり方は向かないだろうな、とも考えた。ただ、キャプテンは良いときも悪いときも先頭に立って、チームを引っ張っていかなければならないため、立ち居振る舞いや言動、発言などは、キャプテンマークを巻くようになって、より意識するようになった。

自分自身も、それまでにさまざまな方法や態度でチームを牽引していくキャプテンの姿を見てきた。だから「リーダーとはこうあるべき」という固定観念を持つことなく、自分なりに、自分らしく、チームが進むべき方向にみんなを導いていくことができればと思っていた。

さかのぼれば、初めてキャプテンを務めたのは、小学6年生のときだった。当時はチームを引っ張っていこうとか、チームをまとめようなどといった行動や言動まで思考は至らなかった。プレーでチームを勝たせることしか頭にはなく、そこは学生時代もプロになってからも一貫して変わらないモットーだった。

中学時代はキャプテンをすることはなかったが、高校3年生のときもキャプテンを務めた。高校時代のチームメートは、個性が強すぎて、仲良しグループというよりも、試合になれば結束するという不思議なチームだったので、キャプテンとしていろいろと考えなければならないことも多く大変だった。ただ、自分自身も、小学生のときよりは大人に近づいていたからか、組織をどうやっていい方向に持っていくかを少しは意識するようにはなっていたように思う。

キャプテンとして組織をまとめる、もしくは引っ張っていく難しさを最も感じたのは、大学4年生のときだった。大学生は社会人の一歩手前で、大学のサッカー部は小中高生のように大人が関与する割合が少なく、自分たちで物事を決めていかなければならない年齢であり、環境だった。

これはプロサッカー選手になってからわかったことだが、プロになると、選手個々がやらなければいけない仕事は少なくなる。なぜなら、それぞれの役割、ポジションに、プロフェッショナルな人材がいるからだ。試合はもちろん監督がマネジメントするし、練習も監督を中心にコーチ、トレーナーがそれぞれ業務を分担している。試合や練習のスケジュール管理や準備はマネージャーがしてくれるし、道具はホペイロ（用具係）が用意してくれる。クラブには総務や経理、試合の運営担当やチームの広報もいて、それぞれがそれぞれの役割で力を発揮する。選手は、自分のプレーに集中すればいい環境が用意されていた。

一方、大学のサッカー部は、監督やコーチはいるものの、マネージャーやホペイロ、総務や運営なども各部員が担当し、進めていかなければならなかった。

在籍していた中央大学は各学年に14、15人の選手がいたため、総勢60名を超える組織になる。自分が大学3年生になるまでは、特定の人間が雑務と言えばいいだろうか、プレー以外の仕事を担ってくれていた。

しかし、僕が大学3年生だった2001年、中央大学サッカー部は、関東大学1部リーグから2部リーグに降格した。1950年に関東大学1部リーグに昇格してから初めての出来事だった。その事態を重く受け止めた自分たちは、再び関東大学1部リーグに昇格するため、またサッカー部を変えるため、組織を改編しようと考えた。

取り入れた一つが、雑務や業務を特定の人間に任せるのではなく、部員全員が何かしらの役割を担い、みんなで責任を分担することだった。これはキャプテンになった自分一人で考えたことではなく、同期の4年生みんなで考えた、新たな方針だった。業務内容に大小はあるとはいえ、一人ひとりに仕事や役割があることで、いろいろな立場の部員たちに当事者意識を持ってもらい、帰属意識へとつなげる狙いだった。

それは自分たちが大学1、2年生だったとき、Aチームに加われなかったBチームの先輩が、自分たちの公式戦を見に来ないことが珍しくなかったという事実も大きかった。試合に出るチャンスがないことで、サッカー部への関心や興味をなくし、ドロップアウトしてしまっていたのだ。

実際、自分がキャプテンを務めた2002年も、試合に出られない4年生はいたが、それぞれに役割を担ってもらったことで、練習や試合に来るようになった。

役割を持つと、人はどうなるか。そこには自然とコミュニケーションが生まれる。

何かわからないことがあった人は、担当者に「これはどうすればいいの？」と聞く。担当者はその物事を把握しているから「これはこうです」と答える。それまでは、試合に出ない選手は何もやることがないから、その場に加わっている意識を持てないし、その場にいたとしても役割がないから疎外感を感じていた。また、試合に出る選手が何か聞くこともないし、コミュニケーションを取る機会も希薄だった。特定の人間が役割の多くを担っていたから、その人にさえ聞けばあらゆる物事を進められる環境だったのだ。

しかし、一人ひとりが役割を持ったことで、当事者意識や帰属意識が芽生え、同時に試合に出ている選手たちも、支えてくれている人たちがいることに感謝するようになった。それは自分自身も含めて——。

これもプロになって感じたことだが、プロサッカークラブはプロフェッショナルである以上、選手の能力が足りなかったり、やる気がなかったりすれば契約を解除することができてしまう世界だ。一方、大学のサッカー部は部活動であるため、能力・やる気の有無だけで退部にすることはできない。ましてや大学4年生にもなれば、自分のようにプロサッカー選手になりたいと考えている人間もいれば、就職活動に専念するために部活動に割く時間を減らしたいと考える人間もいる。目的が異なるさまざまな人たちが、できる限り同じ方向を向き、組織としての目標をつかみとらなければならない難しさが存在していた。

結果的に、大学時代にサッカー部全体をキャプテンとしてマネジメントし、関東大学2部リーグで優勝・1部昇格という結果を残すことができた経験は、その後の人生の大きな助けになった。キャプテンだった自分自身も実感するくらい、周りの空気感は変わり、チームには一体感が生まれた。もちろん、勝ち続けて結果が伴っていたことも大きかったとは思う。試合に負け、結果が出ていなければ、「組織を改編したせいだ」「それぞれに役割を強いたせいだ」という声も出ていただろう。しかし、試合に勝利するという目に見える結果を出したことで、自分たちの決断や決定を肯定できた。

繰り返しになるが、それぞれが役割を担い、当事者意識を持つことで、帰属意識は高まっていく。それは前述した愛着にもつながっていく。

リーダーは不完全なほうがいい

金子みすゞの童謡『私と小鳥と鈴と』に「みんな違って、みんないい」という詩が出てくるが、大学4年生でキャプテンを務めたときには、その思い、考えの先端に自分自身が気づかされた。

前述のとおり、組織を改変し、関東大学1部リーグに昇格するという結果を出せたとはいえ、当時の自分の行動、言動、姿勢を省みると、キャプテンとしてうまくいったことよりも、うまくいかなかったことのほうが多かったと感じている。大学3年時にチームを1部から2部に降格させてしまった責任を感じていた自分は、チームを再び1部に引き戻さなければいけないという使命感から、チームメートに対しても強い言葉や語気でまくし立ててしまうところがあった。

練習でミスをした選手に対して、こう言ってしまったこともある。

「ちゃんとやれよ！」

試合で自分の意図を汲み取れなかった選手に対して、こう言ってしまったこともある。

「何やってんだよ！」

自分に対してだけでなく、周りにも厳しく接していたため、後輩たちは怖がっていたことだろう。実際、マネージャーをしていた妻、当時は彼女だったが、付き合っていることを知らない後輩たちが、「憲剛さん、厳しすぎるんですよね」「怖いんですよね」と、愚痴をこぼしていたとのちに聞いたことがあった。


チームを関東大学2部リーグで優勝させなければいけないという大義名分があるとはいえ、そこに甘えて、自分にも周囲にも厳しく接していたため、存在としては危うく、リーダーとしては不完全だったことだろう。

その自分に足りないところ、見えないところを補填し、さらに充足してくれていたのが、大学4年生のチームメートたちだった。

同級生は自分の気持ちを慮《おもんぱか》って、さまざまな場面でフォローしてくれていたとのちに聞いた。それぞれが仕事の役割を分担していたように、チームとして円滑に物事が進むように、それぞれのキャラクターを生かしてサポートしてくれていたチームメートたちの存在があったからこそ、後輩たちも自分についてきてくれたし、チームとしてまとまることができたのだろう。

その経験を通して、自分が認識したのは、自分にできないこと、自分が不得手なことは、それをできる人にやってもらう、得意な人に任せる〝分担力〟の大切さだった。

自分にできることは内容も時間も限られているし、それぞれに得意、不得意があるようにキャラクターやパーソナリティーはみんな違う。それぞれが自分の力を生かせる分野で活躍することで、組織は円滑になり、成長していくことができる。

完璧すぎるリーダーがいると、年月が経つにつれ、逆に組織はうまく回らなくなるのではないかと思う。すべてを完遂できるリーダーがいると、そのときは頼りになるかもしれないし、そのときはうまく機能するかもしれない。しかし、任せ切り、頼り切った結果、後輩や後進は育たず、次に受け継がれていかない。

だから、誤解を恐れずに言うと、リーダーは不完全なほうがいいと思っている。今風に言い換えれば、多少のツッコミどころや、イジられるところがあるくらいがちょうどいい。

お互いに補い合っていくことで、個々に責任感が芽生え、組織はスムーズに回っていく。

大学時代は、組織改編したこともあり、その後、後輩たちがうまくその枠組みや仕組みを利用し、さらに発展させていってくれればと思っていた。プロサッカークラブとは異なり、4年間という限られた時間しか、自分はサッカー部に関与することができないからだ。

一方で、プロサッカー選手になってからは、自分次第でその時間を延ばすことができる。自分がキャプテンを退いたあとも、チームには在籍することができたため、2017年から川崎フロンターレのキャプテンを引き継いでくれた小林悠や、さらにあとを継いだ谷口《たにぐち》彰悟《しょうご》には、折をみて、キャプテンとしての立ち居振る舞いや言動、行動、姿勢について話をして、チームが築いてきた空気感を継承してもらうことができた。

「みんな違って、みんないい」――それぞれのキャラクターを生かせる組織にすることで、それぞれが補い合い、高め合えるのではないだろうか。

１＋１や１＋２ではなく「１＋３」

プロサッカー選手になってからの話に戻そう。

大学を卒業した２００３年に川崎フロンターレに加入して、２００４年に2列目（トップ下）から3列目（ボランチ）のポジションに転向してレギュラーになり、チームはＪ２リーグで優勝し、Ｊ１リーグ昇格を勝ち取った。２００５年からはＪ１リーグを戦うようになり、２００６年に初めて、当時の関塚隆《せきづかたかし》監督から副キャプテンに指名された。

副キャプテンやゲームキャプテンという役職がなくても、２００４年に関塚監督にボランチへコンバートされ、ピッチの中央でプレーするようになってからは、徐々に自分がチームの中心で、自分がチームを回していかなければならないとの自覚は抱き始めていた。

ただし、２００４年当時は、まだまだチーム内に経験豊富な先輩たちが多く、若手だった自分は、末っ子のように、好き勝手に動き回って、好き放題にプレーし、それを兄である先輩たちがカバーしてくれる状況が多かったと思う。

しかし、2006年末に現在の監督である鬼木さんが選手を引退し、2007年に僕がゲームキャプテン、伊藤宏樹さんがチームキャプテンを務めるようになってからは、自分が置かれた立場や状況も変わり、周囲への目の配り方や周囲への対応も変わっていった。

例えば、ピッチ内では、練習しているときの空気や雰囲気が〝緩い〟と感じると、気を引き締めるために発破をかけるようになった。ピッチ外では、ホームスタジアムである等々力陸上競技場をファン・サポーターで満員にするために、選手の側から、クラブに対していろいろな協力をしようと提案するようになった。

プロ2年目でレギュラーになったときも、そうした空気や行動は敏感に察知しようと努めていたが、気づいても「自分が言う立場ではないな」「自分が言ってもな」と、口を塞ぐ場面や言葉を飲み込む状況があった。

しかし、2007年に、明確にリーダーという役割を与えられたこと、また志を同じくする仲間がいたことで、僕自身の思い切りや自分らしさを発揮できるようになった。

それだけ宏樹さんは、自分にとって大きく、かけがえのない存在だった。

宏樹さんとは四六時中、等々力を満員にするためにできること、チームがJ1リーグで優勝するためにやらなければいけないことを話し合っていた。年齢は二つ年上だが、その目標、思い、目線、志が同じだったため、川崎フロンターレという組織にいる自分は安心感を得られていた。だから、宏樹さんには、自分の思いを包み隠さず、何でも話すことができたし、それはおそらく宏樹さんも一緒だったのではないかと思う。「この人はいざというときに逃げそうだな」とか「何かあったときに裏切るかもしれないな」という不安を少しでも抱いていたら、本音でぶつかることはできなかっただろう。

宏樹さんとは同じ大卒選手であり、生え抜き選手であり、苦しい時期、人気・知名度がないときの川崎フロンターレを知っているなど、共通項も多く、物事の考え方や捉え方に至るまで、共鳴することができた。

特にプロサッカー選手は、そこに至るまで幾多の競争を勝ち抜いてきた人たちの集まりだから、自我も強ければ、個性も強い。そのうえで、生え抜きか、移籍による加入か、高卒か、大卒かなど、育ってきた環境や生き抜いてきた境遇も異なり、目的や目標を同じにするのは決して容易ではなかった。

よく結婚の条件に「価値観が合うこと」を挙げる人がいるが、価値観が合うパートナーに出会うのはそう簡単ではないように、それが同じ組織、かつ個性的な集団となれば、なおさらだ。

だから、自分はそうした志を同じくできる同志を見つけ、作り、築き、そして進んできた。

かつて父親からこんなアドバイスをもらったことがあった。

「自分の周りに信頼できる人間を3人つくるように」

1＋1の関係性で意見が食い違い、衝突すれば亀裂が生じる可能性がある。1＋2の関係性では、どちらか一方に力が偏ることになる。1＋3だからこそ議論を重ねられるし、アイデアも出るし、発展もさせられる。広告代理店に勤めていた父もリーダーとしてプロジェクトを担当することがあったため、経験に基づくアドバイスだったのか、それとも異なる経験から導き出された答えだったのかは定かではないが、その言葉は自分の潜在意識に残っていた。

実際、キャプテンの下に、副キャプテンが3人いるときのほうが、チームの風通しがいいように感じていた。キャプテンと副キャプテンが1＋1の関係性だと、どちらが上でどちらが下という力関係が生まれてしまう。また１＋２だと、どうしても全容が見えてこず、どこかコソコソと陰で物事を決めているような雰囲気も出てしまう。僕の場合はチームという単位だったが、組織が成長していくには、良いことだけでなく、悪いことにも目を向けなければいけないし、ときには言われたくないことも受け入れなければならない。そうなったとき、１＋１、１＋２では力関係でいう下の者は、イエスマンになりがちというか、「ＹＥＳ」と言わなければならない雰囲気が醸成されてしまう可能性もある。

だからこその１＋３＝４という組織構成が最適だったように感じている。

当初は、宏樹さんと自分だけだった川崎フロンターレのリーダーは、途中から田坂祐介《たさかゆうすけ》が加わり、小林悠が加わり、志を同じくする同志が増えていった。それが結果として、チームが少しずつではあるが、成長し、発展していった効果であり、成果だったようにも思う。

コミュニケーションを取る回数や機会で期待を伝える

父親からアドバイスされた「1＋3の法則」は、決して常日ごろから心がけていたわけではなかった。むしろ、潜在意識として持っていたことがよかったのかもしれない。多くの人たちとコミュニケーションを取っていくなかで、自然と、そうした構図が自分の周りに形成されていったのだ。

キャプテンとして、チームの雰囲気や風通しをよくしようと努めるなかでは、本当にクラブに関わるありとあらゆる人と、コミュニケーションを取った。チームを指揮する監督はもちろん、選手を指導してくれるコーチ、選手の身体をケアし、コンディションを見てくれるメディカルスタッフ、チームの窓口である広報や事業部のスタッフ、チームを管理するマネージャー、道具や用具を準備してくれるホペイロ、グラウンドを管理するグラウンドキーパー、クラブハウスで食事を作ってくれるスタッフや管理栄養士、さらにはクラブハウスを清潔に保ってくれる清掃スタッフ……僕はクラブに関わるありとあらゆる人と会話を交わした。彼ら、彼女らもまた、チームの雰囲気や空気を作り出してくれている大切な一員だと感じていたからだった。

チームメートに対しても同様だった。しかし、「信頼できる3人」を意図的に作ろうとしてこなかったことが、結果的にその輪を大きくしてくれたように思う。さまざまな人とコミュニケーションを取っていくと、自然と話す機会や回数が多い人物が出てくる。それが、自分にとって「信頼できる3人」にあたる人物になっていった。

最初から狙いを定めて「この3人」と決めていたら、結果は違っていただろう。

宏樹さんが2013年に選手を引退し、一人でチームを背負っていかなければならないと使命感を抱いたとき、小林悠が徐々に力をつけ、チームでの存在感を増してきていた。彼も大卒の生え抜き選手であり、自分と考えや志をともにできる同志だった。また、高卒ではあったが、2009年に加入して以来、川崎フロンターレの選手として成長を続けてきた登《のぼり》里《ざと》享《きょう》平《へい》もいた。ポジションやプレースタイルが近かったことから話す機会の多かった大《おお》島《しま》僚《りょう》太《た》、当時は若手選手としてその世代をまとめ、引っ張っていくことのできる谷口彰悟と、次世代を担っていける選手たちが、自然と集まってきていた。

だから僕は、最初から意図して彼らに、自分の思いや知識、培ってきた技術や戦術を託そうとしていたわけではない。コミュニケーションを取っていくことで、それぞれキャラクターや個性は異なるものの、志を同じくし、方向性が一緒だったから、自然と関係性を築いていくことができたのだと感じている。気がつけば、「1＋3＝4」以上に、信頼できる人間が自分の周りにはいた。

人数があまり増えてしまうと、意見が分かれて、組織としてのブレに通じることになると考える人もいるだろう。しかし方向性＝僕らの場合はチームが勝つこと、優勝することという目的がはっきりしていたため、その考えや思いがブレることはなかった。それぞれの立場、年齢、ポジションによって思うことや考えることは異なるが、それを勝利＝タイトル獲得のために、どう解決し、どうまとめていくかを考えていけばよかった。

本人たちに聞いたことはないから、もしかしたら自分が考えや意見を押しつけていただけなのかもしれないが、自分からチームへの思いやチームとしての方向性を醸成し、発信していったことで、大学時代のように、それぞれが自分のポジション、得意分野で、力を発揮してくれるようになった。例えば悠ならばＦＷとしてより得点を奪うところで、例えばノボリ（登里）ならばチームのムードメーカーとして雰囲気を作っていくところで、例えば僚太ならば試合をコントロールする、または技術を磨いていくというところで、例えば彰悟ならばチームを牽引していくリーダーシップと責任感のところで。

　自分も彼らには大いに期待していた。ただし、その言葉を発することはしなかった。年齢的には後輩である彼らにとっては、先輩である自分から話しかけられる回数が多ければ多いほど、具体的な言葉はなくともこちらの期待を感じてくれていたはずだ。

　期待しているという言葉をかけずに、期待していることを相手に伝える。それはコミュニケーションの回数や機会に比例している。

　自分はチームメートとして日々を共にした全員に期待していた。それは生え抜き選手だけではなく、移籍してきた大久保嘉人、家長《いえなが》昭博《あきひろ》、チョン・ソンリョンなども含めた、すべての選手たちに。自分が川崎フロンターレというチームの中心選手であることを自覚してからは、なおさら、みんなに期待を感じてもらえるように、オープンに接するようにしてきた。

みんな違う、それでも共有できる理念を

学生ならばクラスや部活動で、社会人ならば職場をはじめとする組織で、リーダーを任されたとき、必ず自分と異なる考えを持つ人はいるものです。そのとき、別の考え方を知らずに突っ走る人と、それを知ったうえで自分が正しいと判断した選択をするのとでは、結果や外面的には同じように見えても、過程と中身は全く違います。なぜなら、違う意見や反対意見を認識したうえで行った判断は、周りへの説得力が高まるからです。

大学3年生時に関東大学2部リーグ降格を経験した憲剛さんは、1部に返り咲くために、チームメートとともに組織改革を行いました。さまざまな人に、それぞれに適した役割・仕事を分担して与え、そこからいろいろな花が咲き、さらに調和して美しさを彩っていった背景からは、憲剛さんが主観的な判断だけに偏らない人物であることがうかがい知れます。チームやグループ、組織がバラバラになってしまう背景には、理念や考えが共有されていないことが挙げられます。当時の憲剛さんの立場ならば、「何のためにチームは存在しているのか？」「チームが勝つことが何につながるのか？」が理念になるでしょう。リーダーの私利私欲やエゴなどではなく、全員が共有できるような公器性のある理念をチーム全体に共有できたことが、パワーの原動力になっていたように感じます。この理念、この目標を目指してがんばることは正しいこと。この正しさのもとにみんなが努力していくと、組織としての力強い推進力になります。だからこそ、目標を達成し、1部昇格を勝ち取れたのでしょう。

リーダーの本気度を示す

２０２０年に選手を引退し、指導者として新しい一歩を踏み出してからは、今までとは異なる立場で、チームを率いていくリーダーという役割を任される機会がある。

２０２３年2月末に、茨城県で開催された第37回デンソーカップチャレンジサッカーでは、自分が指導者として、プレーオフ選抜というチームを全面的にマネジメントする立場を任された。プレーオフ選抜の監督が、中央大学サッカー部時代の恩師でもある佐《さ》藤《とう》健《けん》さんだったため、指導者を目指している自分の経験になればと、コーチとしてではあったが、信頼してチームの指揮を任せてくれたのだ。

知らない方のために、デンソーカップチャレンジサッカーについて説明したい。各地域の大学選抜チームに、U－20全日本選抜と、日本高校選抜も参加して行われる大会で、参加チームの枠は8枠。出場チームは前年の順位によって異なり、２０２３年の第37回大会では関東選抜A、Bと、東海選抜、関西選抜にU－20全日本選抜と日本高校選抜を加えた6チームが本大会から参加。もう1枠をかけて、北海道、東北、北信越、中国、四国、九州の6チームがプレーオフを実施し、その戦いを勝ち抜いた東北選抜が本大会への切符を獲得。最後の1枠に「プレーオフ選抜」を加えた計8チームが大会に参加した。

　プレーオフ選抜は、前述のプレーオフを勝ち抜くことができなかった北海道、北信越、中国、四国、九州の選手たちからなる連合チームである。箱根駅伝に参加している「関東学生連合」をイメージしてもらえるとわかりやすいだろうか。

　プレーオフ決勝は本大会の3日前に行われ、決勝後に敗れたチームからプレーオフ選抜のメンバーを選出し、その日のうちにそのメンバーで開催地の茨城県まで移動するという強行軍だ。大会初戦までの準備時間はわずか2日。１日目は、帯同してくれている学生トレーナーとコミュニケーションを取ると、前日に試合をして移動もしているということで、心身の疲労を考慮して軽めの調整をしたほうがいいと判断し、リカバリーに努めた。２日目はトレーニング前に映像ミーティングをして、その後、ピッチで戦術的な確認を少しだけして、本大会に臨むことになった。正直、寄せ集めの選手たちで作られた即席チームという雰囲気も漂い、選手たちのコンビネーションを合わせる時間も限られていた。要は心身ともにぶっつけ本番の状態である。

そのプレーオフ選抜を率いるにあたって、指導者として彼らの前で何を話そうかと、選手の立場になって考えた。選手のなかには、「参加しても意味があるものではない」「ここで試合に出場しても何にもならない」と、プレーオフに敗れたことで、やる気を失っている選手がいてもおかしくないと思った。そこでまず、第一に彼らの闘志に火をつけなければならないと考えた。

自分がプレーオフ選抜のコーチをすることは直前まで選手たちには知らされず、プレーオフ閉会後のサプライズだったと聞いた。自分がコーチを務めることを聞いた選手たちの反応はさまざまだったらしい（苦笑）。

「選手としての中村憲剛は知っているが、指導者としての中村憲剛はどうなんだろうか」

逆の立場だったら、僕でもそう思う。そういう意味では第一声がとても大事になると考えた。そこで宿舎の会議室に集まったオープニングミーティングで、佐藤監督の次に、自分が話をする番がきたとき、目の前にいるプレーオフ選抜の21人に向かって、僕は「本気で優勝したい」と訴えた。

「プレーオフを勝ち上がれなかったことは残念だったかもしれないが、ここに選ばれたことは敗者復活のチャンスがきたということ。この機会を生かすかどうか、この大会をどう戦うかはみんな次第。みんなの人生を変えるチャンスが今、目の前にあるぞ」

自分が本気でこのチームで勝ちたいと思っていることを伝えた。選手たちの心に燻《くすぶ》っている闘志、やる気という火種を着火させなければと思っての言葉だった。

そのうえで僕はホワイトボードに三角形を描き、それぞれの角に「ギラギラ・メラメラ」「自分ごととして戦う」「自分の武器」という言葉を書いた。

「ギラギラ・メラメラ」は、僕がロールモデルコーチとして関わらせてもらっていた、U－17日本代表の森山《もりやま》佳郎《よしろう》監督が用いていた言葉だった。第一声でも選手たちに訴えたように、闘志に火をつけてほしいという思いがあった。

次に挙げた「自分ごととして戦う」は、自分が日本代表に選ばれたとき、当時の岡田《おかだ》武《たけ》史《し》監督が投げかけてくれた言葉にヒントをもらった。寄せ集めで、気持ちがまとまらないことがよくある短期の選抜チームになってほしくない一心で、プレーオフ選抜を自分のチームだと思い、誰かがやるのではなく、自分たち一人ひとりがこのチームを勝たせるために、全力を尽くし、頭も身体も動かしてほしいとのメッセージを込めた。みんなのチームであり、自分のチームであることを認識させるための言葉だった。

そして、最後の「自分の武器」。2日間しか練習する時間がなく、チームとしてやれることは限られているが、そういう状況だからこそ、チームのために、勝利のために、遠慮することなく、自分の武器を精一杯、発揮してほしいということを伝えた。

急遽《きゅうきょ》、集まった選手たちだったが、自分の本気で言った「勝ちたい」という意欲を感じてくれたのか、試合では最大限に力を発揮してくれた。

初戦、東海選抜に0－2と敗れてしまったため、グループステージを1位通過することは難しい状況に追い込まれたが、第2節では関東選抜Aに5－2、第3節では日本高校選抜に5－3で勝利し、3位決定戦に出場することができた。

3位決定戦の試合前のミーティングでは、「3位と4位は全然違う。あの年のプレーオフ選抜はすごかった、と言ってもらえるかどうかはみんな次第だ。だから歴史を作ろう」と声をかけた。その呼びかけに、再び奮い立ってくれたのか、3位決定戦を3－0で勝利し、勝って大会を終えることができた。

自分を信じて戦ってくれた選手一人ひとり、一緒にチームをサポートしてくれた佐藤健監督をはじめとするコーチングスタッフの力もあり、3位という成績を残すことができた。期間にすればわずか1週間だったが、毎試合、選手たちに話をさせてもらえる機会は、指導者としても大きな財産になった。また、選手時代に、チームをどうやって導いていけばいいかを考え続けてきた経験も生かすことができた。

かつてのブラジル代表キャプテンであり、ジュビロ磐田でも主将を務めた往年の名ボランチ、ドゥンガのように、チームメートを常に叱咤することでチームを牽引していくキャプテンもいる。もしくは日本代表や横浜マリノス（現横浜F・マリノス）でキャプテンマークを巻いた井原正巳《いはらまさみ》さんのように、クレバーで、冷戦沈着な姿勢でチームをまとめていくリーダーもいる。もしくは小林悠のように、ストライカーとして自らが得点を取ることがキャプテンとしてチームを引っ張っていくことになると考える選手もいる。日本代表の歴代キャプテンである宮本恒靖《みやもとつねやす》さん、長谷部誠《はせべまこと》、吉田麻也《よしだまや》……それぞれが素晴らしいリーダーであり、それぞれのキャラクターが異なるように、理想のリーダー像に、正解も、セオリーもない。

ただ一つだけ、自分に言えることがあるとすれば、「リーダーの本気」がとても大事だということだ。リーダーが本気で取り組んでいれば、ついてきてくれる人たちがいる。リーダーが本気で訴えれば、応えてくれる人がいる。その人数が多ければ多いほどチームの一体感につながると信じている。

本気で「優勝しよう」と臨んだデンソーカップチャレンジサッカーで、プレーオフ選抜の選手たちが応えてくれたプレーが、リーダーとしての大事なことに改めて気づかせてくれた。

端的かつ明瞭なビジョンが強い組織を作る

第37回デンソーカップチャレンジサッカーで、指導者として大学生のプレーオフ選抜チームを率いた憲剛さんは、大会を終えた後日、クリニックに来てそのときの手応えを満足そうに語ってくれました。本書でも書かれているように、まずはリーダーである憲剛さん自身が、集まった選手たち以上に「勝つこと」「優勝すること」へのビジョンを鮮明に描いていたため、選手たちにその本気が伝わり、チームとして強くなり、結束できたのでしょう。リーダーに必要なのはビジョンであり、それをいかにありありと描き、示せるか。ときに燃えるような使命感や異常性のある熱意をリーダーが持っていると、チームでも、会社でも、組織でも、その熱が人を動かし、たとえ寄せ集めだったとしても人を感動させるドラマを生み出すことを教えてくれています。

特に憲剛さんが、選手たちに贈った①ギラギラ・メラメラ、②自分ごととして戦う、③自分の武器、という三つの理念は選手たちに具体的なイメージを持たせる効能がありました。Tシャツに描けるようなキャッチーなフレーズで、シンプルに表現しているのもさすがです。①は燃料、②はモチベーション、③は戦術。例えば、武田信玄の軍旗である「風林火山」のように、パッとイメージができる形で理念を伝えたところが、即効性、浸透性を大きく高めているように思います。まさに憲剛さんが言う「リーダーが本気であること」を示し、端的かつ明瞭にビジョンを伝える。それにより、たとえ短期間であっても、個々が最大値を発揮する組織は作れるのです。

第3章

コミュニケーションの処方箋

代表選手たちの「傾聴力」

川崎フロンターレでプロサッカー選手として過ごした18年間で、数え切れないほどの戦友たちと苦楽をともにした。

特に30歳を過ぎてからは、チームを見る目線も変わり、培ってきた経験や知識を後輩たちに伝え、教えていくことも、自分の役割だと考えるようになった。それはクラブの伝統や歴史といった背景だけではなく、僕らにとっての日常であるサッカー、すなわちプレーについてもそうだった。

なかでも同じＭＦでポジションが近かった大島僚太や守田英正《もりたひでまさ》、田中碧《たなかあお》には、細かく、段階を踏みながら、プレーについて紐解《ひもと》いて伝えていったつもりだ。

例えば大島僚太。高卒で加入してまだ経験が浅いころ、視野が狭くなりがちになっていたので、そのときには「ボールを持っていて、判断に迷ったときは、自分に（パスを）簡単につけていいから」と声をかけた。自分に余裕がない状況で、難しいパスコースを探す間にボールを奪われるよりも、まずは僕を見つけて確実にパスを通すほうが、プレーの成功率が高まるからだ。それが難なくできるようになったら、今度は「周りをよく見てプレーするように」と、視野を広げるアドバイスを送った。さらに視野を確保できるようになったら、今度は「判断を早くするように」と伝え、より速度を上げたプレーができるように促した。

大島だけでなく、守田、田中もそれぞれに努力を重ね、日本代表に選ばれる選手へと成長した。大島は2018年ロシアワールドカップ、守田と田中は2022年カタールワールドカップを戦う日本代表メンバーに選出された。

他にも谷口彰悟、板倉滉《いたくらこう》、三笘薫《みとまかおる》、旗手怜央《はたてれお》と、川崎フロンターレのチームメートとして接してきた後輩たちが次から次へと日本代表に選ばれている。

今や日本から羽ばたき、世界で活躍する選手へと成長した彼らに、共通していたものとは何だろうか。

導き出された共通点は、「傾聴力」だった。

彼らはみな、聞く耳を持っていたのだ。

過去には、自分がコミュニケーションを取ろうと歩み寄っても、耳を傾けることのないチームメートもいた。自分がプレーについて意見交換を試みようとしても、向き合おうとしてくれない選手もいた。そうした選手は、自分だけでなく、誰の言葉や提言にも本当の意味で耳を貸そうとしていなかった。

だから、自分もアドバイスを送った、または送ろうとした選手全員の成長を手助けすることができたわけではない。そこには当然、レギュラー争いもあり、ライバル意識もあったことだろう。その競争力があったからこそ、川崎フロンターレは年々強くなっていったと思う一方で、傾聴力を持っていた彼らはそうした競争を勝ち抜く力も備えていた。

導き出した答え以上の選択肢を探す

大島僚太、谷口彰悟、守田英正、田中碧、板倉滉、三笘薫、旗手怜央——日本代表へと上り詰めていった、かつてのチームメートに共通していたのは、傾聴力だけではない。彼らには「選択する力」もあった。

彼らは、僕が伝えたアドバイスや助言のすべてを鵜呑みにするのではなく、実際に試して、自ら取捨選択をして、自己の成長に役立てていた。

僕が思ったこと、考えたことのすべてが合っているとは限らない。僕が伝えることは、あくまで僕が見て、感じたことだからだ。その人が自分なりに考え、自分に合っているのか、もしくは自分にできるのかを判断していく。彼らにはそれができた。

また僕自身も、意見を言うだけでなく、彼らの言葉に耳を傾け、そして考えを擦り合わせていくことで、チームとしての答えを導き出し、答えにたどり着いていった。

そのような接し方をするにあたって、僕自身が大きく影響を受けたのは、日本代表で指導を受けたイビチャ・オシム監督だった。

オシムさんは、日本代表の練習でアドバイスをしてくれたあと、決まって「自分が言っていることがすべてではない」と、言っていた。

「憲剛、お前がこういうプレーを選択したのはわかる。でも、私にはこの場面ではこういう判断もあると思ったけど、お前はどう考える？」

「私が考えていることよりも、もっと面白いプレーを見せてくれ」

正解は一つではなく、今、導き出した答え以上の選択肢を探すことを常に求められた。

2012年途中から、川崎フロンターレの監督に就任した風間《かざま》八宏《やひろ》監督も同じような言葉を投げかけてくれた一人だ。

「今のプレー、よかった。でも、ここは見えたか？　ここを通せなかったか？　選択肢を自分で狭めないでくれ。どんどんアイデアを出していいぞ」

監督自身が正解だと考えるプレーを強制するのではなく、自分の判断を尊重したうえで、異なる選択肢を提示してくれる。それをプレーヤーである自分に選ばせることで選択肢、いわゆるプレーの幅を広げてくれる指導者だった。

オシムさんの話題に戻ると、日本代表の練習では、もう一つ、オシムさんが発する声のなかに、大好きな言葉があった。

「ブラボー！」

イタリア語で、「素敵」「素晴らしい」を意味する言葉だが、僕らが、練習中にオシムさんが想像もしていなかった好プレーを見せると、オシムさんはその言葉を僕らにプレゼントしてくれた。

当時の日本代表の活動では、いつしかその言葉を欲して、オシムさんが思いつかないような正解を探そうとするようになった。それは他の選手たちにも当てはまる共通意識で、「ブラボー！」が次から次へと飛び出す状況になると、チームは活性化していった。

答えは一つではない。正解にたどり着くための手段や選択肢を増やすことで、より最高の答えは導き出されていく。

相手を受け止め、理解するのが第一歩

憲剛さん自身もコミュニケーションの達人ですが、彼が接してきた後輩のなかで、特に活躍している選手たちに共通する能力が、「傾聴力」でした。相手から何かを学ぼう、そのなかで自分に合うものがあれば取り入れよう、という姿勢が「傾聴力」です。

世の中には、一方的に自分の主張を押し通そうとする人もいます。客観的に見て、明らかに正しい主張であればそれでもいいのですが、相手の立場を無視して行うのなら、それは自己顕示欲の現れです。話す側にとっても、聴く側にとっても、相手に対する共感力、理解力、思いやる心もまたコミュニケーション能力なのです。

また、憲剛さんが周りとコミュニケーションを図る背景には、常に「なぜ?」という好奇心や探究心に加え、学んだ知恵や知識を次代に伝えていきたいという情熱も感じます。だから、人から聞く、人から知る行為についても自分自身に厳しく、常にアンテナを張り巡らせているのでしょう。

私自身も患者さんと接する際に心がけているのは、何かを主張しようとしている相手を否定しないこと。まずは相手の声を受け止め、相手の満足度を上げてあげることが信頼関係を築く一歩。「自分の話を聞いてくれる」「自分の意見を理解してくれる」という安心感につながります。憲剛さんは会話のなかで、時間が経ってから「さっき言っていたことだけど……」と返事をすることがあります。誰かが放った言葉をうやむやにせず、心のなかで反芻《はんすう》して、しっかりと考えているからこそで、その誠実さもまた信頼を生むのです。

選択肢や意見を引き出す

品行方正、容姿端麗——川崎フロンターレのチームメートとして7年間、一緒にプレーしたＤＦ谷口彰悟を形容すると、そんな言葉が当てはまる。

11歳年下の谷口は、筑波大学を卒業した２０１４年から試合に出場していたこともあり、長い間、ＭＦとＤＦとして縦の関係を築いてきた。

そんな彼には、正直な話、加入当時からある点でずっと物足りなさを抱いていた。選手としての能力は申し分なく、人間性も素晴らしい。誰に対しても公平に接する紳士で、性格も温厚だ。しかし、その性格のよさがサッカー選手としては仇となり、優しすぎるところがあると思っていた。特にセンターバックとして、それは致命傷であるように映った。

守備の要であるセンターバックは相手から嫌がられる、怖がられる存在でなければならない。見た目や佇まいで相手に威圧感を与えなければならないし、「この相手を突破するのは容易ではない」と思わせなければならない。

　日本代表で一緒にプレーした中澤《なかざわ》佑二《ゆうじ》さんや田中《たなか》マルクス闘莉王《トゥーリオ》が、まさにそういうセンターバックだった。その存在感は、チームメートに対しても同様で、「この人に怒られないようにしなければいけない」「この人に言われたらやるしかない」と思わせる空気や雰囲気をまとう必要があると思っていた。

　若いときからリーダーシップがあった谷口は、自分が引退する２０２０年から、キャプテンに就任した。そのため、試合中も含めて機を見ては話しかけ、彼自身の意見を聞くように心がけてきた。

「前線からこうやって相手にプレッシャーをかけていこうと考えているんだけど、それは後ろとしてはどうなの？　対応できそうか？」

　すると、谷口はそのときどきで考えて答えた。

「それならできます」「それは難しいです」

　谷口に対してだけではなく、他の選手に対しても、僕は「答え」を予測できるような聞き方を意識していた。「できる」「できない」という意見を引き出すために——。

　大切なのは、彼自身から「できる」「できない」という言葉を引き出すことだった。

ここで僕が、最初から「できるよね？」と声をかけてしまうと、後輩の彼はできなくても「できます」と答えざるを得なくなる。ここで僕が最初から「難しいよね？」と言ってしまうと、できると思っていても彼は「難しいです」と答えるかもしれない。

こちらから選択肢を提示するのではなく、選択肢を引き出すことで、そこには自分ごととして、責任が生じていく。

そして、それができるようになったら、次のステップで会話をすることができる。自分の後方にいる彼と「やりたい方向性」「できる方法」を合わせて、ともに取り組み、成功したり、失敗したりと試行錯誤しながら、チームの守備は築かれていった。

そうやってチームの戦術が構築されていくと、プレーが途切れたときやハーフタイムなど、しっかりと会話ができるタイミングで、「今、前から行きすぎている？」「これだとプレッシャーをかける位置は高すぎる？」といった確認作業だけで、コミュニケーションは図れる。彼に異論があれば、意見を言ってきてくれるからだ。

また、そうやって意見を述べる機会を設けることで、選手は責任感を増していき、責任を背負った彼が発する言葉はチーム全体に大きく波及していく。

そして、彼は立派なチームリーダーになり、相手にとって怖い存在へとなっていった。

相手の状況や状態を見極める

同じＭＦである田中碧と守田英正は、それぞれ異なる状況や段階を乗り越えて、成長していったように映っている。

田中は川崎フロンターレのアカデミー（下部組織）を経て２０１７年に、守田は流通経済大学を卒業して２０１８年に、川崎フロンターレのトップチームの一員になった。

田中に関しては、今でもすぐに思い出せるのは、２０１７年のキャンプで天然芝に足を取られて、ツルツルと滑っていた姿だ。アカデミー時代までは人工芝でサッカーをする機会が多く、天然芝との違いに戸惑っていたのだろう。その姿を見て、「この子は大丈夫かな」と心配したものだった。

プロ１年目は出場機会を得られず、苦しんでいた。高卒とあって、まだまだ身体も華奢《きゃしゃ》で、天然芝に足を滑らせていたように、練習ではフィジカルが足りずにプロの強度に苦戦していた。ただし、川崎フロンターレのアカデミーで育ってきただけに、クラブがベースとする足元の技術には長けており、川崎フロンターレの中盤が醸す特有のリズムやテンポへの馴染みは早かったため、フィジカルや強度に慣れれば遠くない未来に頭角を現すのではないかと思っていた。

そんな田中は2年目の2018年9月15日のJ1リーグ第26節、北海道コンサドーレ札幌戦に途中出場してリーグ戦デビューを飾ると、アディショナルタイムにプロ初ゴールを決めた。ゴールを決めて、ベンチの先輩たちのもとに、大喜びしながら飛び込んでもみくちゃにされる姿を見て、僕は彼の勝負強さに驚いていた。彼は2022年のカタールワールドカップのスペイン戦でも歴史的なゴールを記録したが、とにかくインパクトのあるゴールを決める選手だ。そういう星のもとに生まれているとしか思えない。

日ごろの練習を見ていても、サッカーに対する姿勢を見ていても、ストイックかつ愚直であることはわかっていた。彼に必要だったのは、自分が行ってきた努力を、自分自身が信じられるかどうか。つまり、「自信」だと考えていた。

田中が試合に出場するようになってからは細かく指示をしたり、プレーについてアドバイスを送ったりもしたが、当初の彼にかけていたのは、「自信を持ってプレーしろ」という言葉だけだった。

一方、大卒で川崎フロンターレに加入した守田は、すでに身体もできあがっていた。加入した2018年のキャンプ時点で、彼がレギュラーへと抜擢される予兆はすでにあった。フィジカルを生かして相手からボールを奪取する能力に優れ、そのボールの奪い方にも狡猾さを持ち合わせていた。守田は身体がすでにできあがっている一方で、彼自身も話してくれたが、当時は足元の技術が足りていなかった。

それでも予兆していたとおり、守田はプロ1年目の2018年、リーグ開幕前に行われるFUJI XEROX SUPER CUPで試合途中から右サイドバックとしてプロデビューを飾った。その後もコンスタントに試合で起用されると、数カ月後の9月には日本代表に呼ばれるほど注目を集めていた。

ただし、その守田は翌2019年途中から、ケガや起用法の問題も重なり、前年よりも出場試合数が減ってしまった。以前はフィジカルの強さを生かして、守備でチームに貢献していたが、プロになって技術が伸び、余裕を持ってプレーできるようになった。それによって、やりたいプレーやできるプレーが増えたのだが、それによって、逆に壁にぶつかっているように感じた。

苦しんでいる理由を言葉で伝えるのは簡単だ。しかし、僕はあえて黙ることを選んだ。それは、成長を実感していた今の彼にアドバイスを送っても、彼のためにはならないし、彼にとってもすんなりと聞き入れられる状況にないと判断したからだった。

プロ1年目で苦しむ田中に「自信を持て」と声をかけ、プレーについて明確なアドバイスを送らなかったのも同様だ。練習で彼がうまくいっていないことは、一緒にプレーしていたり、近くで見ていたりすればわかる。そのときの田中にとっては、プレーのアドバイスをして、身体だけでなく、頭のなかまで混乱させることはマイナスに作用すると考えた。

彼らに限らず、どんな選手に対しても、僕は適切な言葉を、適切なタイミングで伝えるように常に心がけていた。

「いつ」「何を」といった「タイミング」や「言葉」については、相手を見て判断している嗅覚のような部分もあるため、言語化するのは難しい。でも、調子がいいときに指摘をしても、人は課題や問題に目を向けにくいし、苦しんでいるときに課題や問題を挙げて注意しても、うっとうしく感じてしまうもの。

伝える側は、伝えられる側が言葉を受け入れられる状況や状態にあるかどうかまでを考慮して、判断する必要がある。

だから、後輩や友人に声をかけるときには、その「いつ」「何を」が大切だと思っている。守田や田中ならば、その「いつ」とは、例えば練習後のピッチ脇だったり、クラブハウスのお風呂で2人きりになったタイミングだったり、筋トレルームで隣り合わせになったタイミングだったり。そういう機を見て、僕は彼らにメッセージを送るようにしていた。

彼らはいずれも優れた傾聴力を持っていた。けれど、人間である以上、気分や調子に波があるように、常時ではない。だからこそ、伝える側には、タイミングを見極める必要がある。

コミュニケーションが充実する秘訣

周りにアドバイスをするうえで、大切なのは相手のことが見えているかどうか。性格はもちろん、長所や短所、さらには心の傾向性がわかると、憲剛さんのように、いつ、どこで、どのようなタイミングで、どのような言葉をかけたら、相手にとって有益かが見えてきます。そのためには、彼がそうであるように、自分自身の人間力を鍛えていく必要があります。自身の経験を踏まえ、監督や先輩後輩といった関わる人たちの姿勢や言動、行動を見て、人間性を高めてきたから、個性的でキャラクターが異なる人たちの心の動きがわかるのではないかと思います。

要するに、周囲とコミュニケーションを図る前段階で、まず相手に対して関心があるかどうかが重要になります。その人に対して興味を抱けるからこそ、自分にないものを引き出そうと思い、他者から学ぼうとする姿勢で話を聞くことができる。そうしてポジティブな関心とともに行われるコミュニケーションは、その場限りのやりとりで終わることなく、自分の未来に役立つ情報に変わり、相手にとっても満足度を上げる機会になる。彼はそうやって、時間に対する〝密度〟を高めてきたのだと思います。私自身も診察時に、患者さんのニーズを汲み取れずに反省や後悔をした経験がありますが、それを単なる失敗と捉えず、どこで配慮が足りなかったのか、相手は何を求めていたのかを考え、省みる機会になったと考えています。そうした機会を、「新たな知識や知恵を得られた」とプラスに変換することで、ポジティブな財産になっていきます。

〝聞くふり〟は見ればわかる

三笘薫と旗手怜央の2人は、自分が選手を退く2020年にそれぞれ大学を卒業して川崎フロンターレに加入したため、チームメートとして過ごした期間はわずか1年しかない。しかも、自分は前年に左膝前十字靭帯を損傷する大ケガを負い、リハビリ生活を余儀なくされていたため、グラウンドでボールを使って〝会話〟をする機会は限られていた。

田中碧、三好康児《みよしこうじ》、板倉滉、そして三笘と、川崎フロンターレのアカデミーで育った選手たちとは、彼らが子どものときに自分と一緒に撮った写真が残っている。その一枚、一枚に時代の流れを感じつつ、ともにプレーできたことをうれしく思う。

過ごした時間は短かったが、三笘には優れた自己分析力と自己研鑽《けんさん》力があることを強く感じた。実際、彼が初めて川崎フロンターレの門を叩いた10歳のときを知るスタッフや、そのときどきで彼の指導にあたったコーチの話を聞いていると、幼いときから三笘は、自己分析力と自己研鑽力を持ち、自分で自分に課題を課し、成長することをやめなかったという。川崎フロンターレU—18からトップチームに昇格できたにもかかわらず、筑波大学に進学して、さらに自分を磨いたのも、そうした自己分析力の賜物なのだろう。

板倉は三笘の1学年上で、同じく川崎フロンターレのアカデミー育ちだが、彼はトップチームに在籍した3年間ではなかなか出場機会に恵まれず、期限付き移籍したベガルタ仙台を経て、ヨーロッパへと羽ばたいていった。川崎フロンターレ時代は苦労していたこともあって、彼は誰よりも素直だったように思う。

板倉は、よく自分から僕に声をかけてきた。

「憲剛さん、こういうときってどうしたらいいですか?」

「憲剛さん、こういう状況のときってどうだったんですか?」

10歳以上も年齢の離れた先輩に自ら声をかけて、アドバイスをもらうのはなかなか勇気のいることだ。自分が成長するために、プライドや照れ、恥ずかしさを捨て、好奇心や向上心が優っていたところも、今日の彼の姿につながっているのではないかと想像する。

その板倉と川崎フロンターレのアカデミーで同期だった三好は、誰よりもサッカーが好きで、サッカーへの情熱と熱意を感じる少年のような選手だった。全体練習後も、技術を高めようとボールを蹴る姿を見たときには、若かりし日の自分を思い出すこともあった。彼は、僕自身も大切にしてきた「好き」を持ち続けている選手で、だから成長し続け、今もヨーロッパでもまれる日々を過ごしているのだろう。

成長したチームメートの共通点として傾聴力を挙げたが、田中や三笘、旗手、板倉、三好もまた、聞く耳を持つだけでなく、自分で試みる、自分なりに変換する力を持っていた。その一方で監督やコーチ、先輩たちからのアドバイスや助言、提案、要求に対して、返事はするけれども、実際には全く取り入れない、変えようとしない選手もいた。

聞くのと、聞くふりでは大きく違うように、その後のプレーを見ていれば、こちらのアドバイスや助言、提案、要求に対して何かを感じているか、変わろうとしているかは一目瞭然だ。聞くふりをしている、もしくは聞いても取り入れようとしない選手たちは、同じミスや失敗を繰り返してしまう。その結果、試合に出られないなど、責任を取るのは最終的には自分になる。どちらのマインドのほうがいいのかは言わなくてもわかると思う。

ここで名前を挙げた選手たちは、みんな聞くふりだけではなく、いつも本気でこちらの声に耳を傾けてくれていた。

先入観を持たずに聞く耳を持つ

憲剛さんの助言を受けて活躍したチームメートたちはみな「傾聴力」を持っていましたが、加えてもう一つの傾向も見えてきます。それは、学ぼうとする謙虚さです。彼らは、他ならぬ憲剛さんからのアドバイスだったから耳を傾けたというよりも、普段からさまざまな意見に耳を貸せる人たちであるように映ります。谷口彰悟選手も、田中碧選手も、板倉滉選手、三笘薫選手、旗手怜央選手らも、先入観に捉われて聞く相手を選んでしまうと、人生の実りが少なくなることが本能的にわかっていたのだと思うのです。一方で、憲剛さん自身もアドバイスする相手を選ぶのではなく、その人に必要だと考えたことを、相手の理解力に合わせて、伝えています。

もう一つ全員に共通しているのは、聞いた言葉を聞き流すのではなく、自分のなかに何らかの形で役立てようという意識があることです。聞いた話を情報や知識で終わらせるのではなく、実際の行動に移していける能力が高かったため、さらに成長、発展を遂げているのでしょう。

憲剛さんはサッカーを将棋に例えることがあります。常にいろいろな局面を想定し、相手の数手先を読んで行動しなければならないところに共通項を感じているのでしょう。常日頃からサッカーで養ってきた思考力が、競技中だけでなく日常生活にも反映され、考えることが習慣になっている。そして、それが未来を切り開いていく力にもなっています。改めて、考える力を養えるサッカーは、子どもたちの心を育むうえで魅力的なスポーツであることを実感します。

第4章

生きる知恵と考える力の処方箋

あくまでも基礎は基礎

思い返すと、小さいころからサッカーの基本、基礎となる「止めて、蹴る」は大切にしていた。

その理由として、小中高と身体の線が細く、身長が低かったことがあった。小学生時代の自分が誇れる特徴と言えば、機敏だったことくらい。身体的なデメリットを補うには、足で正確にボールを操り、コントロールできなければ、サッカーを楽しめなかったし、周りや対戦相手を打ち負かせなかった。

もし、僕が子どものころから身体が大きくて強く、足が速かったとしたら、今の自分は間違いなくいなかったと思う。それは断言できる。そう考えると、身体が小さく、子どものときから創意工夫するしかなかった状況によって、考えてプレーすることが習慣として身につけられたことは幸いだった。

また、小学生時代に在籍していた府ロクサッカークラブが、基礎的な技術を大切にする方針だったことも奏功した。府ロクサッカークラブは当時から、2人1組でやるような基礎練習の時間をとても大切にしていた。チームメートと距離を取って向かい合い、足の内側で蹴るインサイドキック、足の甲で蹴るインステップキックの練習を繰り返した。しかも、静止した状態だけでなく、動きながら胸に返して蹴ることを意識して練習し続けたことで、試合で生かせる技術が自然と培われていった。

基礎を大切にすることで生まれる効果を、サッカーは教えてくれた。

サッカーは、身体の強い選手がいるチームが必ず勝つわけでも、足の速い選手がいるチームが必ず勝つわけでもない。身体的・能力的に劣る選手たちが集まっていても、チームとして創意工夫しながら戦えば、そうした相手に打ち勝つことができるスポーツだ。小さくても勝てるサッカーは、競技への興味や関心を上昇させ、華奢な少年がのめり込むには十分すぎるほどの魅力があった。

他のスポーツ、特に個人競技では、身体能力の差が結果として如実に表れやすい。だからこそ、階級によって出場資格を分けている競技があるのだろう。サッカーが、身体の小さい選手でも活躍できる競技でなければ、フランス代表のキリアン・エムバペは生まれても、アルゼンチン代表のリオネル・メッシは生まれなかったはずだ。そこにサッカーの醍醐味があると思うし、基礎や基本の大切さも含まれていると思う。

サッカーだけでなく、生きていくなかで、何をするにしても基礎や基本はとても大切だと思う。足し算や引き算、掛け算や割り算ができなければ、より複雑な数式を解くことはできない。元素記号を理解していなければ、さらに難解な化学式を用いることもできない。僕自身も、日常生活における基礎や基本の大切さを、大学1年生のときに改めて気づかされた。

中央大学への進学とともに寮生活を始めた自分は、そこで初めて、自分で掃除、洗濯、炊事といった家事全般を、1年生としてやらざるをえない環境に置かれた。高校生までは、そうした身の回りのことのほとんどすべてを母親がやってくれていたが、それをすべて自分がやることで、その大変さとともに、何もしなくてもすべてが準備されている状態であることのありがたさを知った。また、寮での共同生活は周りへの気配りや配慮といった協調性を学び、養うことにつながった。

基礎や基本の大切さは、自らが実践することで実感する。自分も親になり、子どもたちには掃除や洗濯といった家事のひととおりを経験してもらう時間を作っている。自らが手や足を動かすことで、基礎や基本の大切さを体感してほしいからだ。

ただし、基礎はあくまで基礎であり、基本はあくまで基本である。できないよりはできたほうがいいが、できたからといってすべてがうまくいく保証は当然、ない。

個人的な感情だが、サッカーにおける「止めて蹴る」という言葉が独り歩きしている今の状況は、あまり好ましいものではないと思っている。近年、サッカー界では基礎や基本の大切さが改めて見直され、この「止めて蹴る」という言葉が重要視されているように感じる。多くの育成年代、Jリーグのチームでも、「止めて蹴るトレーニング」の様子が動画で流れているのをたびたび目にする。その動画を見るたびに、僕はとても複雑な気持ちになる。そのトレーニングが何のために存在し、何につながっているのか、本当の意味で理解して行っているのか、このトレーニングをすること自体が目的になっていないか、と。

ボールを「止めて蹴る」ことができただけでは、サッカーの試合に勝つことはできない。「止めて蹴る」は手段の一つであり、目的ではない。自分の足のどこにボールを当てれば、最速で次のプレーに移れるのかを見出す、言わば「型」のようなものだと考えてほしい。その「型」を試合で応用し、自分のプレーをコントロールできるようにして、チームの力になり、自分の足でチームを勝たせることが目的であることだけは忘れないでほしい。

そのため、近年、この「止めて蹴る」という言葉だけが、独り歩きしてしまっている状況に違和感を感じているのだ。


自分も、サッカーのプレーを切り取って言語化するために、「止めて蹴る」という言葉を用いることはあるが、あくまで便宜上で用いているだけであって、「止めて蹴る」がすべてではないということは常々言うようにしている。

「止めて蹴る」は、試合で活躍するためのテクニックを駆使する第一歩、もしくは前段でしかない。だから、「止めて蹴る」ができればすべてOK、もしくはすべてがスムーズに進むと捉えるのは違う。「止めて蹴る」ができて初めて次のステップに進むことができると思っている。

あくまでも、目的は自分が試合で活躍すること。それを見失って、手段が目的になってはいけない。

ボールに操られるのではなく、操る

プロサッカー選手として活動した18年間で、すべての公式戦を含めると、僕は110ゴールを記録している。ゴールが決まる一つ手前のプレー、つまりアシストも含めると、数え切れないほどの得点に絡むことができた。

なぜ、MFである自分が、三桁に及ぶゴールを決めることができたのか。

それを支えていたのが「ボールを操ること」だったのは間違いない。ただし、僕の考えとしては、ポイントはその先にある。自分がボールを正確に止めることで、目線が早い段階で上がる。早く目線が上がることで味方や相手、さらには周囲の状況と、いろいろなものを見る時間を長く有することができるからだ。時間にすれば、ゼロコンマ何秒かもしれないが、ボールを正確に止めることによって、その余裕やゆとりを確保し、次のプレーにつなげられたことに意味があった。

サッカースクールやサッカー教室で少年少女に指導する際も、よくこの話をする。

「足でボールを正確に止めることができなかったら、目線はどこにいく？」

面白いもので、子どもたちのほとんど全員が、自然と地面を見つめる。

「そうだよね。目線は下がっちゃうよね」

目線が足元のボールに行き、周囲を確認する時間がないから、相手がボールを奪いに来ていることに気がつくのが遅れ、あたふたしてしまい、ボールを奪われたり、ミスをしたりしてしまう。

今度は子どもに自分にパスを出してもらって、自分がボールを正確に止めて視線を上げて、その子どもを見た状態で子どもたちに投げかける。

「ボールを止めた瞬間に顔が上がっていたらどう？」

子どもたちは言う。

「ボールを取りに行けないです」

子どもたちに「どうして？」と聞き返す。

「けんごコーチに見られているから」

ボールを奪いに行く自分の姿を見られていることで、奪いに行けなくなることを実際に体感してくれる。こちらの言っていることがすんなりと頭や心に入った瞬間だ。

体感することで、子どもたちは、なぜ顔が上がり、目線が上がるほうがいいのか。そこから、なぜ正確にボールを止められたほうがいいのかを理解できる。ここを理解してくれれば、その先はスムーズに進む。

また、自分が常に心がけていたのは、「最速でゴールにたどり着くこと」だった。それを考えるだけなら怖くないが、考え、実践しようとした選手だったからこそ、対戦相手は自分を危険な選手として認識し、警戒してくれていたのだろう。警戒して、自分を潰しに来たり、マークされる頻度が増えたりすれば、他の選手や違うゾーンが空くため、そこを活用すればいい。

自分自身もチャンスがあればゴールは狙うが、チームメートにゴールを取らせて、試合を勝たせる選手とは、そういうものだと考えていた。

サッカーというスポーツの目的は、相手よりも多くゴールを奪って勝利することにある。あくまで「止めて蹴る」は、ゴールを奪うための手段の一つで、基礎である。ボールを止める時間をどれだけ短縮できるか。それが短くなればなるだけ、目線を上げる時間を確保できるし、周りを見ることができる。周りを見てプレーすることができれば、ボールを奪われる可能性や確率を減らすことができる。

極端だが、ボールを奪われる選手と奪われない選手。監督はどちらを試合で起用したくなるか。間違いなく後者だろう。

スクールで子どもたちにこの話をすると、たった10分や15分で目の色が変わるのがわかる。

ちなみに、指導者になった今は「止めて蹴る」とは言わず、「操る」と言うようにしている。

「ボールに操られるのではなく、自分でボールを操る」

ボールに操られている状況は、自分でボールを追わなければならない。それは奪われる、奪われない以前の問題だ。自分でしっかりとボールを操ることで、顔も上がり、周囲も見渡せ、ゴールに近づくプレーを選択することができる。そういう選手が対戦相手にとっては危険であると思っていたし、自分が危険な存在になることで、対戦相手に複数の選択肢を常に突きつける選手になることは、40歳で引退をするまで強く意識していた。

基礎は目的ではなく手段

私自身はサッカーに詳しくないのですが、試合を見ていると、選手たちが走りながら足元にボールをピタッと止め、次の瞬間にはパスを出している姿に感動を覚えます。幼いころからひたすら基礎訓練に打ち込み、一定のレベルに達すると、難しいことも易々《やすやす》とできるようになる見本だと感嘆します。サッカーにおいても基礎が大切であるように、いかなる仕事でも基礎を疎かにすると、ミスが増え、仕事そのものがずさんになっていきます。当たり前のことを当たり前にできるようになる。ミスをしなくなるまでやり続ける。どの世界においても、労をいとわずにやり続けた人だけが辿り着ける境地があるのだと——。

ただし、憲剛さんは「基礎は目的ではなく手段」だと言う。目的は成果をあげることで、サッカーにおいては勝負に勝つことを意味しています。組織が成果を求めなければ、人は怠けるか、無駄な仕事を続けるかになります。成果を求めない人は失敗のしようがなく、失敗のない人には反省もない。反省がなければ進歩もありません。

医師は国家資格でもあるため、基本的な知識や勉強は必要です。ただし、その基礎は試験に合格したら終わりではなく、絶えず継続・維持していかなければいけません。大切なのは、サッカーと同様、患者さんの苦しみを救えるか、患者さんのニーズを満たせるかどうかです。プロサッカー選手が自分に厳しい姿勢で練習に臨み、観客を喜ばせるプレーをするように、いかなる仕事でも、先方や相手のニーズを満たして、初めて「プロ」と言えるのでしょう。

「自分で考えろ」

もともと、物事を自分で考える素地は、幼いころからあったように思う。

ただ、強く自覚するようになったのは高校生になってからだ。

東京都立久留米高校（現東久留米総合高校）に進学した僕は、サッカー部に所属していた。サッカー部の監督だった山口隆文《やまぐちたかふみ》先生は、日本サッカー協会の仕事に携わっていたため知識も豊富で、当時、日本サッカー協会で作られた最先端の育成プログラムを高校のサッカー部の練習にも取り入れてくれていた。

中学時代、一時的に離れたサッカーへの情熱を、再び取り戻した形で卒業し、さらなる強い気持ちを持って高校に入学したものの、さらに周りとの身体的な差は広がっていた。入学当時の自分の身長は１５４センチメートル。ボールを扱う技術には自信を持っていたが、相手に少しでも身体を寄せられてしまうと、簡単につぶされてしまっていた。試合に出て活躍するためには、ポジショニングやボールの置きどころを考えなければ太刀打ちできなかった。

山口先生は、自分のクラスの担任だったこともあって、疑問があれば、何でもかんでも聞きに行っていた。

「こういうときはどうすればいいですか?」

「こういう状況では、どう対処すればいいですか?」

まだ1年生になったばかりの5月くらいだったと思う。

いつものように山口先生のもとに行き、いつものように質問すると、こう返された。

「自分で考えろ」

少しうっとうしそうだったのは、何でもかんでも質問し、答えをもらおうとする僕を突き放すことで、気づかせたかったからだろう。

当時の自分には、課題を解決するための知識も知恵もなく、自分の欠点をどう補えばいいかわからず、すぐに答えをもらおうとしていた。

しかし、山口先生に突き放されたことで、答えだけをもらおうとばかりしていた自分が、浅はかだったことに気がついた。

それからは、自分で考え、試行錯誤しながら、答えにたどり着く、もしくは答えを導くようになった。そして最終的に思った。

監督が求めるサッカーをピッチで発展させるのは、自立した選手であると――。

自分としては、サッカーの指導法を学び、しっかりとした指導を選手に行ってくれる山口先生の知識は興味深く、考えを聞くのも楽しかった。一方、山口先生は、その答えを教えてしまうと、僕がそれしかやらなくなってしまうことを懸念していたのだろう。

サッカーは自分で考えて、それを自由に表現できるのが面白いところだ。監督として求めるチームとしての約束ごとや決まりごと、チームとしてやるべきこと、やらなければならないことはあるが、監督が言ったことがすべてではない。

選手である自分が、ピッチで何ができるか、表現できるかを考えてほしい――。

「自分で考えろ」とは、山口先生からの、そんなメッセージだった。

成功も失敗もデータになる

自分が試合に出るにはどうすればいいいか。高校生のとき、真剣に考え、自分自身と向き合った。

試合に出るメンバーを決めるのは、チームを率いる監督である。ならば、試合に出るためには、まずその監督が起用したくなる選手にならなければいけないと考えた。監督にとって魅力のある選手になるため、自分で考えた第一歩が、「ポジショニング」であり、ピッチ上での立ち位置についてだった。

それ以前の自分は、DFがボールを奪える範囲のなかにいたから、簡単にボールを奪われてしまっていた。身体が小さく、足も遅かったため、DFがボールを奪える距離にいれば、狙われる対象だった。

では、ボールを奪われないためにはどうすればいいのか。

相手ＤＦが届かない範囲へと距離を取り、相手から遠ざかればいい。

日々の練習から同級生や先輩を相手に、その距離感を測り始めた。

いつもより一歩、ＤＦよりも遠い位置でボールを受けてみる。それでもまだ、相手の間合いであり、ボールを奪われてしまった。

それならば、いつもより一歩半、ＤＦより遠い位置でボールを受けてみる。相手がボールを奪いに来るまでには時間がかかったが、最終的に身体を寄せられてボールを失ってしまった。

だったら、いつもより二歩、ＤＦより遠い位置でボールを受けてみよう。すると、ボールを奪いに来たＤＦと接触する前にパスを出すことができた。

この一歩、二歩というのはあくまでもわかりやすく表現するための物差しでしかないが、そうやってパスを受ける自分の立ち位置やパスを受ける角度を工夫していった。次第に練習で、同級生や先輩からボールを奪われる機会は減っていった。プレーできる時間を確保できるようになった自分は、自らのパスによって攻撃に貢献できるようになった。

このときに実感したのは、自分で考えて実践することによって、成功も失敗もすべてが自分の財産になっていたことだ。判断をするうえでの「データの蓄積」とでも言えばいいだろうか。

これがもし、監督やコーチから「ここに立て」と指示されていたとしたら、そこにただいるだけで、本質に気づくことはできなかっただろう。なぜなら、相手がいるサッカーにおいては、すべてが監督やコーチの言ったとおりにはゲームが進まないからだ。

サッカーでは、必ず相手がいて、22人でスタートする。そのうえで、自分たちにも相手にもシステムがあり、そのシステムには必ずストロングポイントとウィークポイントが存在する。自分たちのストロングポイントを出しつつ、相手のウィークポイントを突くには、どこに自分は立てばいいのか?

自分で考える習慣がついていたからこそ、試合中に「ここに立てば相手が嫌がる」という答えを導き出すことができた。そうしてまた、成功と失敗を繰り返すことで、判断材料・データは蓄積され、蓄積されることで表現できる選択肢も増えていった。

自分で考える力は、高校、大学を経て、プロになり、さらに多くの成功や失敗を繰り返していくことで、膨大なデータ・引き出しとして自分の頭に蓄えられていた。

無意識化できるように意識する

子どものころはアルゼンチンの英雄、ディエゴ・マラドーナが好きだった。買ってもらった1986年メキシコワールドカップの大会ハイライト映像を、当時はビデオテープだったのでまさに擦り切れるほど、何度も、何度も見返した。

左利きのマラドーナとは違って自分は右利きだったため、彼のドリブルを模倣することはできなかったけれど、他のサッカー少年たちと同様、純粋に「すごいな」「うまいな」と、目を輝かせてテレビの画面にかじりついていた。

小学校の高学年や中学生になると、その憧れはヴェルディ川崎（当時）や日本代表で活躍したラモス瑠偉さん、FCバルセロナやスペイン代表の中心だったペップ・グアルディオラになった。彼らにボールが集まり、そこからパスが展開されて、チームがゴールを決める光景が眩《まぶ》しかった。2人とも細身だったため、自分の姿を投影したりもした。

プロになってからは、その対象はFCバルセロナやスペイン代表で欧州、世界のタイトルを獲ったシャビ、ユヴェントスやイタリア代表で世界一に輝いたアンドレア・ピルロになった。

ラモスさんやグアルディオラのプレーを目で追っていたのは、決してマネをしようと思ったからではなかった。まだ未熟ながら、なぜ、彼らにこんなにもボールが集まるのかと、その秘訣と仕組みを知りたかった。

そこにはチームとしてのシステムや戦術もたしかに存在したが、それ以上に、チームメートからの絶大な信頼や備えている技術によるところが大きかった。

映像を見ながら自分なりに考えると、ラモスさんやグアルディオラは、常にボールを受けられる位置にポジションを取っていたから、パスを受けることができていた。また、パスを受けたときも、前を向いてプレーする機会が多いから決定的なチャンスを演出できていた。

そうした物事や出来事が起こるメカニズムを紐解くのは、子どものころから好きだった。

その選手が活躍できるのは、システム上なのか、戦術上なのか、それとも選手個人の考えや発想によるものなのか。はたまた、そのチームや選手が備えたメンタリティから生まれるものなのか。

自分の頭のなかには「なぜ?」「どうして?」という視点が常にあったし、今もある。だから、正直、リオネル・メッシのプレーに感嘆の声を挙げることはあっても、自ら好んで分析、研究しようとは思っていなかった。なぜなら、彼のプレーは、彼にしかできないものだったからだ。自分がいくらメッシのプレーを見たとしても、マネできるものではなかった。

プロサッカー選手になってから分析の対象としたのは、シャビやピルロ、他にはスペイン代表のアンドレス・イニエスタやセルヒオ・ブスケッツ、クロアチア代表のルカ・モドリッチなど、自分に盗めるものがありそうな選手たち。自分がさらに成長するエッセンスをもらえる存在として、彼らは自分の視点を増やしてくれる最高の教材だった。

また、小学生時代から高校・大学時代、そしてプロになってからも、自分が出場した試合の映像を、かなりの回数、見返していた。それは勝った試合も負けた試合も含めて。

敗れた試合の映像を見返すのは、精神的には苦痛だったが、チームが負けたとき、自分の調子が悪かったと感じたときほど、見返すことで得られる情報や発見はかなり多い。

試合中、自分はピッチ上で、相手選手やチームメートを見ながら、「ここに立ったほうがいいな」「ここに移動したほうがいいかな」と、瞬時に判断して動いているので、試合後に見返す試合映像は、少し上からの画角で、その判断が周辺の状況を見たうえで本当に正しかったのかどうかを確認できるある種の答え合わせになっていた。

試合中は「ここに立ったほうがいい」と思って判断したが、俯瞰《ふかん》の映像で見ても、「やはりその考えは正しかった」、もしくは自分が抱いていた印象とは異なり「もっとこうしたほうがよかった」と、感覚的だったものを具体的にしていくことができた。

サッカーは同じシチュエーションがほぼ100％起こらないから面白いとも言えるが、全く同じ状況はなくとも、似たような状況になることはよくある。だから、そのための修正を行う、また自分の判断に確信を持つために、試合映像を見返すのだ。毎試合、対戦相手も変わるため、見返すときは、相手を見るだけでなく、自分を中心にしたチームを注意深く何回も見ていた。

それは、さらに自分を磨くための作業だったと言っていいだろう。

試合前も、試合中も、試合後も、考える作業を続けてきた自分だが、スペイン代表として2010年南アフリカワールドカップで優勝し、2度の欧州王者にもなっているイニエスタが、ヴィッセル神戸でプレーしていたときに対談する機会があった。

「試合中にどんなことを考えているのか？」と尋ねると、彼は言った。

「考えていない」と――。

これは自分なりの解釈になるが、彼はおそらく、考えていないわけではないと思う。もちろん、反射的に身体が反応することも多いとは思うが、彼がサッカーを始めた子どものころから、考え・判断し・実行する作業を山のように繰り返し、身体が自然と反応する、頭が正しい判断をする状況まで、自分の意識を昇華させているからこその解答だったのではないか。

イニエスタの「考えていない」という考え方には、自分も共感するところが大きい。要するに、身体が勝手に動く、勝手に反応するくらい無意識化できるまで、練習を繰り返し、経験を蓄積させていく。

無意識化できるまで意識し続けるということ、考えなくても身体が勝手に動くところまで、習慣づけることが大切だと思っている。

「考える」を習慣化するためのサイクル

あなたの周りにも、「考えちゃうんだよね……」と言って悩んでいる人がたくさんいるのではないでしょうか。実はこの人たち、厳密には「考えている」わけではありません。「考える」のと「悩む」のとでは、大きく意味合いが異なります。「考える」とは、出口を意識して、ポジティブな解決方法を見つけようとしている姿勢のこと。つまり、目的意識があるのです。一方、「悩む」ときは出口を意識しておらず、グルグルと回っているような状態です。

憲剛さんは高校生のときに監督から「自分で考えろ」と言われ、自ら「考えなければならない」状況を与えられました。それが発端になり、考える必要性が生じて、考える習慣ができました。私たちも、日ごろの悩みに対して、ただ悩むのではなく、なぜ解決する必要があるのかを意識するべきかもしれません。その瞬間に、「悩み」が「考えるネタ」に変身します。出口を意識して、考える必要性が発生するからです。憲剛さんは、ただ考えるだけでなく、それを習慣化させているのがすごいところ。私たちも考える習慣を身につける最初のステップとして、まず意識的に考えていくことが必要でしょう。

もう一つ見習うべきは、考えたのちに、試す、行動することです。試すことによって、成功も失敗も学びにしています。また、失敗したときにも諦めるのではなく、また別の、次の方法を探すことで出口に到達しています。①考える②出口を見つける③行動する――このサイクルが、考えを習慣化させていくための項目です。

言語化能力も勝利の手段の一つ

サッカー選手にとって、考える力とともに、言葉にして発信する力も大切だと思ってきた。ただし、それもボールを「止めて蹴る」と同様、すべてではない。言語化をすることが目的ではなく、それを周囲に明確に説明、伝言して、実際に周りとイメージを共有することでいいチームプレーを増やし、勝利する確率を上げることが目的になる。

これはどの職業に就いても、どの組織に属していても当てはまることなのではないだろうか。いくら自分の考えを説明できたとしても、相手が理解してくれなければ、それは「言語化できている」とは言えないからだ。

また、ここまでの話から、一見すると矛盾してしまうのだが、現役中には、言語化することができない感覚的なラストパスやゴールをいくつも決めてきた。繰り返しになるが、感覚が理屈を超えることがサッカーの魅力の一つであり、醍醐味《だいごみ》でもある。スタジアムの雰囲気も相まって想像をはるかに超えるプレーが生まれるから、ファン・サポーターは興奮してくれるし、魅力を感じてくれたと思っている。

ただ、そうした「スーパー」と名のつくゴールを生み出す確率を高めるためには、同時にプレーを言語化して再現性を高める必要性があると、僕は考えていた。

ゴールを決めたときに、「気持ちでボールを押し込んだ」「無我夢中で走り込んだ」と言うよりも、「こういう状況だったから、ここを狙っていた」「相手がこういう守備組織で、ここが空いていたから、ここから走り込んだ」と説明できたほうが、周りに意図は伝わりやすいし、次にまた同じようなシチュエーションが来たときに、チームメートとイメージを共有することで、同じような動きや崩し方ができるようになる。判断した行動の理由を細分化し、自分自身の頭のなかが整理されるだけでなく、それをチームメートに説明もしくは伝えることで、プレーのイメージを共有できるようになっていく。

サッカーでは全く同じ場面はないが、言語化できれば、似たようなケースで自分のプレーは選択しやすくなるし、チームメートもそれを覚えていれば動きやすくなる。

結論を言うと、言語化する力は、ゴールを陥れるため、ゴールを奪われないために必要な要素の一つである。ゴールを陥れる確率を高めるためには、崩しの再現性を高めることが必要であり、それを言語化して説明できたほうが、チーム全体がイメージを共有でき、共有することでプレーが円滑になるからだ。

中盤の選手であった自分にとって、言語化能力も、「止めて蹴る」と同じく、自分が試合で活躍するための大事な手段の一つだった。

要求は伝え方次第

もともと人と話をするのが好きな性格だったが、サッカーでは年齢を重ねれば重ねるほど、周囲と意思疎通を図り、イメージを共有しなければ、ゴールが生まれないことを強く認識した。

また、プロ2年目でトップ下という攻撃的なポジションから、ピッチ中央で攻守両面に働くボランチというポジションでプレーするようになったことも、言葉を操るうえでは大きかった。前後左右にいるチームメートに対して、いかに端的な言葉で、わかりやすく指示を送れるかどうかが重要だと学んだ。

いわゆるコーチングだ。

試合中に長々と話していても、選手の耳には入らないし、当然、プレーも再開してしまう。特に自分よりも前にいる選手たちの背中に向かって声をかけるには、文章のような長い言葉ではなく、「右！」「左！」、もしくは「行け！」「行くな！」といった単語で指示を出す必要もあった。

指導者に転身して3年が経ったが、年齢が下がれば下がるほど、選手たち同士による「声」でのコーチングの頻度は減っていく傾向にあるように感じている。特に子どもたちは、黙々と自分のプレーに取り組む選手も多く、試合中に、後ろから「プレスに行け！」「縦を切れ！」といった具体的な指示を聞く機会は少なかった。

また、自分がどうしたいか、またはチームがどうしたらよくなるかを伝えることが苦手というか、意識できていないようにも感じられた。

しかし、後ろから、たった一言、指示を出すだけで、前の選手は迷いなくボールを奪いに行くことができるし、相手が突破してくるコースを限定することもできる。言葉で伝えておくことで、未然に防げる事態は山のようにあるのだ。

だから、子どもたちには、自分の実体験をもとに「声」や「指示」の重要性を説いている。

例えば、ゴールを決める役割を担っているFWは、攻撃にパワーを残しておきたいから、守備に力を割かない選手も多い。特に、外国人選手であるブラジル人のFWは、その傾向がみんな強かった。FWの後ろにいるMFからすると、前線から守備をしてチームがボールを奪うポイントへと誘導してくれなければ困る。

しかし、ただ「守備をしてくれ」と伝えても、なかなか前向きに対応してくれない。彼らは彼らで結果を残したいのだから、その心理はとても理解できる。

そこで、僕は伝え方を変えてみた。

「しっかりとしたポジショニングを取って守備をしてくれたら、チームは高い位置でボールを奪うことができる。そうしたらカウンターを仕掛けられて、あなたがゴールを決めるチャンスが増えるよ」

守備をすることで、その選手自身にもメリットがあることを伝えたのである。

そして、実際にその効果でゴールが生まれると、その選手自身も守備の必要性を実感してくれた。

プロになったばかりのころは、自分自身も知恵や余裕がなく、一方的に「やれよ!」と要求していた。それでも、伝えた相手のプレーが改善されなかったことや、メリットを感じてもらえなかったことで、徐々に伝え方を工夫するようになった。

大切なのは、ただ「やってくれ」と要求するのではなく、「なぜやるのか」という理由とその〝うまみ〟を伝えてあげることだった。それだけで、コミュニケーションは大幅に変わってくる。

紹介したのは、あくまで一例ではあるが、指導する子どもたちも同様で、「声」を出す効果を実感してもらうことで、プレーが劇的に変化していくから面白い。

意見を言うだけでなく意見を聞く

試合中はいかに簡潔な言葉で指示を伝えるかが大切だが、練習後などにチームメートとプレーについて話をするときは、長い時間を割くこともあった。そのため、チームメートからは「話が長い」と苦笑されたのは、今となっては懐かしい思い出だ。

話が長くなるのは、問題や疑問をうやむやにせず、今、解決しなければその話をした個人やチームの成長はないという使命感に駆られていたからだ。解決をあと回しにすると、次の練習でトライすることはできないし、課題を抱えたまま試合に臨むことになってしまう。課題がわかっているのに、それを改善しないという発想は自分にはなかった。

後輩にアドバイスをするときなどは、適切なタイミングや場所を見計らっていたというのは前述したとおりだが、プレーにおける問題や疑問は、そのときどきで迅速かつ速急に解決しなければならないと考えていた。

サッカーはチームプレーだから、チーム全体で攻守においてどれだけイメージを共有できているかが、試合に勝つためにはとても重要になる。お互いにイメージを共有できていれば、プレーに予測が立つし、イメージを共有できていなければ、行き当たりばったりのプレーになってしまう。

意見を言い合うことで、自分と相手の考えをぶつけ、擦り合わせていくことで、自分が何を考えているか、相手が何を考えているかもわかり、その作業を繰り返すことで、少しずつお互いの頭のなかに同じ絵が描かれていく。

選手時代もそうだったが、指導者になった今も、選手には、「自分はこう思ったけど、どう思う？」と、こちらの意見を言うだけでなく、相手の意見をできるだけ聞くように心がけている。

その際には、強制的に答えを言わせるような聞き方はしないように注意していた。特にキャリアを重ねてからは、自分の意見や考えが〝絶対〟にならないよう努めていた。後輩に伝えるアドバイスにしても、自分の意見がすべて正しいとは限らない。あくまでも自分の考えを説明しつつ、相手の考えも求めるようにしていた。その際に、どちらかの考えがより成功する可能性が高いのであれば、そちらを選ぶし、折衷案が見つかるようであれば、それをまた探していく。イメージとは、そうやってどんどん共有されていくものだと思っている。

　イメージを共有するためには、それだけお互いに考えていることを、言葉にして伝え合う行為が大切だということでもある。

　また、自分が話をしたことに対して、相手に納得してもらうには、自分の伝えることも整理されていなければならないし、自分の言葉にも責任が伴ってくる。だからこそ、僕は試合をたくさん見ていたし、周りから、チームメートから信頼を得るために多くの時間を費やしていた。

言語化能力もまた鍛えられる

ありがたいことに、選手を引退した今も多くの取材を受ける機会に恵まれているが、自分の考えや思いを伝える行為は、自分の頭のなかを整理するのにも大いに役立つ。

プロになったばかりのころは、それまでメディアから取材されるなんてことが全くなかったため、インタビューされることのうれしさや楽しさのほうが勝っていた。しかし、他人から聞かれたことについて、自分の考えを話していると、自分自身でも「こう考えていたのか」「こう思っていたのか」という発見や気づきがあった。

さらに、取材を受ける機会が増えてからは、読者や視聴者といった取材者の先にいる人たちのことを考えるようになった。

それまでは、ただ自分が思っていることや考えていることを発言していただけだったが、言葉が足らずに意図していない形で伝わってしまう苦い経験もした。自分の言葉が世の中に発信され、すべての人が同様のリアクションをしてくれるものではないということはわかっているつもりだったが、受け取る側がどう考えるか、どう思うかも考えたうえで発言するようになった。

2003年に川崎フロンターレでプロになり、2005年からチームがJ1リーグを戦い、翌2006年に日本代表に選ばれるようになってからは、自分の言葉がチームやチームメートに大きな影響を与えることも自覚するようになった。それからは、メディアから取材を受けるインタビューはもちろんのこと、試合後のミックスゾーンの囲み取材で試合について話すときも、慎重に言葉を選び、試合と同じく頭をフル回転させて、対応するようになった。それもまた、言語化する力を鍛える場所になっていた。

つまり、言語化する能力も、心と同じく、鍛えることができるということだ。

多くのメディアに言語化能力を鍛えてもらい、伝える力が高まったからこそ、番組や取材で起用してもらえていたと思う。場数を踏むことで鍛えられ、端的かつ明瞭に、取材している側が欲しい言葉を発言できるように少しずつなった。自分が話したいことを話すだけではなく、ときにメディアが引き出したいであろう言葉が自分の本意ではない場合は、意図的に求めているであろう言葉を発言しないこともあった。そういったメディアの人たちとの言葉の駆け引きも楽しめるようになり、それはチームメートとの会話においても、プラスに作用した。

サッカーでピッチに立っている選手は11人だが、優勝という目標に向かって、同じ船に乗っている船員は30人近くになる。それぞれが何を考え、何を思っているのかを知る機会があるのであれば、知ったほうが航海はスムーズになる。

キャプテンという立場やチームの年長者という立場になり、周りが抱える課題や問題、疑問を解決できるのであれば、それは自分の仕事だとも思っていた。

チームメートが「今日はグラウンドに行きたくないな」と思うよりも、「今日もグラウンドでどんなことができるかな」と思って、練習場に足を運んでくれたほうがいい。日本代表に選ばれるようになり、イビチャ・オシム監督が指導するチームの活動に向かうときは、いつも背筋が伸びる緊張感とワクワクする高揚感の両面があった。緊張感は人を成長させてくれる要素の一つであり、そこに身を置き、高揚感、すなわち楽しさや面白さを得られると、自分が成長していることを実感する。

川崎フロンターレでも、そうしたチームの雰囲気を作るために、僕は多くのチームメートと会話を交わしてきた。そこに無駄なものは一つもなかったと思っている。

自分自身が自分の思いや考えを知る

憲剛さんの現役時代のインタビューや解説を聞くたびに思うのは、発言が総じてわかりやすく、具体的だということ。何を考えているのかがわかりやすいと、聞き手の安心感につながります。

わかりやすく具体的に発言するということは、その内容に納得、共感する人を増やすという意味で、「発言に責任が生じる」ことを意味します。憲剛さんは普段から飾ることのない言葉で話していることからも、自分の発言に責任を持つことを意識しているのが伝わります。コミュニケーションが苦手という人のなかには、その責任を負うのが怖いという人が多いかもしれません。そうした方々はどうやってコミュニケーションの幅を広げていくのか。一つは、憲剛さんも若いころは言葉を巧みに操れていたわけではなかったように、場数を踏んでいくことでしょう。まずは責任を重く感じずにすむような、気を遣わない友人や、気心の知れた少人数のグループなど身近な環境でトライしていくのがオススメです。そこで少しずつ自分の考えを共有し、周りがその言葉によってポジティブな反応を見せてくれたり、幸せそうな表情を見せてくれたりといった瞬間をキャッチし、経験を積んでいくのがいいでしょう。

そもそも、言葉は考えの延長線上に存在します。自分の思いや考えを言葉にすると、イメージやビジョンが明らかになり、現実をたぐり寄せる原動力になるのです。周囲に言うことが難しければ、まずは自分の考えを紙に書き出すなど、文字化する訓練から行い、自分自身が自分の思いや考えを知ることから始めてみるのもいいでしょう。

いい組織の条件とは？

優れた組織、秀でたグループとはどのような組織で、グループなのだろうか？
川崎フロンターレでプロサッカー選手として過ごした18年間で、石崎《いしざき》信弘《のぶひろ》監督、関塚隆監督、高畠《たかはた》勉《つとむ》監督、相馬《そうま》直樹《なおき》監督、風間八宏監督、そして鬼木達監督と、6人の下でプレーした。日本代表では、イビチャ・オシム監督、岡田武史監督、アルベルト・ザッケローニ監督と、3人の下でプレーした。指導者になってからは、ロールモデルコーチとしてU－17日本代表で森山佳郎監督のチーム作りに携わらせてもらい、日本代表でも、森保《もりやす》一《はじめ》監督の下で、同様にロールモデルコーチを経験させてもらった。また、母校である中央大学サッカー部ではテクニカルアドバイザーとして従事させてもらっている。

選手にとって、監督はチームを束ねる指揮官だ。企業で働く社員を選手とすれば、監督は管理職の上司であり、航海に出る船員だとすれば、まさしく船長である。

選手時代は、多くの指揮官のもとでプレーする幸運に恵まれたが、結果が重視されるサッカーの世界では、チームの成績がいいときもあれば、悪いときもあった。試合結果には好不調があったように、チームの雰囲気もさまざまな空気を感じてきた。

そのなかで、僕が「いい組織」と感じたグループには、風通しのよさがあった。まずは、所属している選手たちが、思ったことを言い合える空気があった。また、基準が明確で、プレーヤーである選手たちが、他の選手の起用有無について疑問を抱くことがない。

チーム内で自分が置かれている状況や立場については、実は選手である自分が一番、わかっている。同じグラウンドで日々練習していると、ポジション争いをするチームメートががんばっている姿や真剣に取り組んでいる姿を嫌でも目にするからだ。同様に、チームとしてやるべきことに目を向けていない選手や努力していない選手がいると、それもわかってしまう。

選手たち自身が感覚的に捉えている基準が明確で、グラウンドで選手たちが見ている、感じている目線で、チームを見ることができる監督は、やはり信頼が厚かった。グラウンドのなかにいる選手たちが、誰よりもその基準を感じているだけに、チームの規律を守っていなかったり、チームの約束ごとを遂行していなかったり、基準に達していない選手がいきなり試合で起用されるようなことがあると、逆に監督への信頼は薄らいでいった。試合に出られる基準が濁ってしまうと、徐々に組織は蝕《むしば》まれていき、次第に結束力や団結力といったものも欠けていった。

その基準が明確だと、その基準に足りていなければ自分はまだ試合に出る資格がないと納得できるし、その基準を超えようと努力する。基準や、基準に対する整合性が図れている組織は機能していくし、成長していく。

個人的には、試合に出ている選手以上に、試合に出ていない選手たちがどう思っているか、何を考えているかも、チームとしては重要だと考えていた。試合に出ていない選手が、もっと自分は成長しなければならないと考えているか。また、ここでプレーしたいと思えているか。一つのサッカーチームが30人前後の集団だとして、どれだけの選手がそう思っているか、思わせられているかが、日々の練習の質や強度に影響を及ぼしていく。

その空気を作り出すのは、組織に長く在籍している人の務めだと考えていた。先輩たちが後輩たちに継承して、次の世代にカラーを伝えていく。クラブカラー、企業では社風になるだろうか。

これはサッカークラブに限った話ではなく、恐らくどの組織やどのグループにも当てはまるように思う。

僕は40歳で選手を退く前年の2019年11月に左膝前十字靭帯を断裂する大ケガを負った。全治8カ月の重傷で、サッカー選手として復帰するのは容易ではなく、39歳になったばかりの自分にとってはなおさらだった。

しかも、翌2020年の川崎フロンターレはJ1リーグで優勝を果たした。チームは、リーグ開幕戦こそ引き分けたものの、第2節から第11節まで10連勝を飾り、34試合のリーグ戦で2度も10連勝を飾った。試合では勝利のみならず、3点以上を奪って勝つことがチームの目標になるような、類まれな強さのチームだった。

リハビリを経て、全体練習に復帰したときには、チームのレベルの高さ、選手たちの基準の高さに驚き、自分が試合に出るためには、練習で相当な爪あとを残さなければいけないと覚悟した。

その2020年は、まさにチームとしての基準が明確だった。

試合に出場している選手たちは、ポジションを譲る気はないと言わんばかりに毎試合、活躍して結果を残していた。途中出場する選手たちが、その牙城を崩すには、限られた時間でさらに結果を残さなければならなかった。また、今、試合に出ている選手も結果を出し続けなければ、他の選手に取って替わられてしまう危機感を持ち続けていた。そうしたチーム内の競争がトレーニングから年間を通して続けられてきたからこそ、チームは強く、結果もついてきたと思っている。

いかに自分に経験があっても、チーム内における激しい競争を勝ち抜かなければ、ピッチに立つことはできないという環境が、最後の最後で自分自身をもグッと成長させてくれたのだ。

引退した2020年の8月29日、J1リーグ第13節の清水エスパルス戦で試合に復帰してゴールを奪い、さらに40歳の誕生日だった10月31日、第25節のFC東京戦では決勝ゴールを決めることができたが、そうした結果を残せたのも、高い基準を示してくれたチームとチームメートとの競争のおかげだった。

心理的安全性の確保

風通しのいい組織は、「心理的安全性」が確保されている。

そういう組織に所属する人間は、前向きな姿勢で何ごとにも取り組むことができる。

「心理的安全性」とは、自分の意見や気持ちを偽ったり、抑えたりすることなく、安心して自分を表現できる状態のことを指している。

チームで言い表せば「プレーについて自分が意見を言ったら、違うと否定されそうだな」とか「こんな提案やアドバイスをしても聞き入れてもらえそうにないな」と、チームのためを思っての行動なのに所属する人間が実行するのを躊躇《ちゅうちょ》してしまうような組織だと、意見のぶつかり合いや擦り合わせもないので、チームプレーはなかなか改善されず、上積みされることはなくなっていく。

一方で、「こういう場面ではこうしたプレーを選択したらどうか」とか「こういうときは、こう対応すればいいのではないか」といった声を伝える側が遠慮なく出すことができる、また言われた方も「いや、自分はこう思うのだけど、どうだろう？」と自分の意見をしっかりと伝えられるチームは、心理的安全性が確保されたチーム状態と言っていい。さらに、その意見に対して、「いいアイデアだね」「面白い発想だね」と、周りからポジティブな回答が返ってくればくるほど、選手たちの発言も増え、発言することによって個人の責任感も増していく。

そういう雰囲気のチームにいる選手は、チームを他人ごととしてではなく、自分ごととして捉え、チームの発展にどんどん貢献していくことができる。

前述した２０２０年の川崎フロンターレが、まさにそんなチームだった。５－０で勝利した試合後、ロッカールームに戻る前から、ピッチ上では選手同士が改善点を話し合っていた。

「あの場面だけど、こうしたらもっと点が取れそうだよね」

「あのとき、こう動いてくれたらチャンスにつながると思う」

チームメートは試合直後に、そうしたディスカッションをしていた。勝利に満足することなく、視線は次の試合に向かい、その日の反省をしたうえで、さらなる成長を貪欲に求めながら、勝ち続けることができていた。

そこには、「自分が意見を言ってもいいのかな」「自分が意見を言って否定されたら嫌だな」といった空気はなく、みんながみんな、活発な議論をしていた。

「心理的安全性」を確保する組織の空気づくりは、チームだけでなく、会社や学校、友人関係、趣味の場など、ありとあらゆる場所で取り入れられる。また、その組織やグループを前向きにすることができるものだ。

リーダーに必要な、理想を目指す志

憲剛さんがつづってくれた「いい組織」の在り方からは、将来の自分がリーダーや監督になったとき、どういった組織を作りたいかという願望や理念が垣間見えます。監督の仕事は、試合に勝ち成果を出すことですが、それを達成するために描くビジョンが明確で風通しのいい組織だと、憲剛さんは唱えています。組織改編を行った大学4年生のときの経験も踏まえて、①一人ひとりに役割を持たせる。②その気づきを言葉にし、安心して自由に共有し合える環境にする。③行動や実績が誰の目から見ても明らかな待遇として跳ね返ってくる。憲剛さんが目指す、もしくは考える〝いい組織〟の在り方のベースです。

おそらく、すべての人がそうした組織を築きたいし、属したいことでしょう。自分が運営するクリニックに当てはめて考えてもみましたが、必ずしも自分がすべて実現できているかというと、省みるところもあります。

憲剛さん自身も、プロサッカー選手として歩んできた18年間のなかで、①〜③のすべてを備え、グループに属する全員が本当の意味で一つになったと言い切れる組織を経験したことはないように思います。それでも理想を目指す志は、リーダーにとって必要な要素でしょう。

また、憲剛さんは「心理的安全性」についても触れています。人間が幸せや充実を得るのは、自分の存在価値を実感できているときです。組織として一人ひとりに存在意義を与え、感じてもらうことで、心理的安全性は確保され、風通しのいい組織は築かれていくように思います。

第5章

挫折・失敗から学ぶための処方箋

上司の意向を汲み取れなかった経験

サッカーは相手と競うスポーツのため、いくら事前の練習やミーティングで入念な準備や対策を行ったとしても、想定どおりに試合が進まない状況は往々にしてある。試合中に監督が送る指示も、タッチライン沿いからでは届かないこともあるし、タイミングにも限りがあるので、ピッチにいる選手たちには自分たちで対応、判断していく自己解決力が問われるし、求められる。

一方で、実際にプレーするのは選手でも、チームを率いているのは監督である。だから、監督が試合をどう戦い、試合にどう勝ちたいかを、選手は理解する必要がある。自分がこうしたい、こう動きたいからといって、それが監督の意図や意向から逸れていると、チームの決まりごとや規律を無視したことになってしまう。極端な例だが、試合中に選手たちが勝手にシステムを4バックから3バックに変えたとすれば、それは単なる造反でしかないし、攻守のつなぎ役を求められているのに、ゴールを決めたいがために前線に張りつく判断をする選手は、意図が伝わらない選手と判断され、試合に使われなくなる。

僕は、新しい監督のもとでプレーするときには、真っ先にその監督がどういう考えを持っているかを、中盤の選手として他のどの選手よりも早く理解するように努めていた。信念、哲学、コンセプト、プレーモデル……監督の思考や要求をいち早く理解したうえで、それをピッチで体現しようと取り組んできた。

新監督のもとで始動する最初のキャンプや、シーズン序盤戦のピッチ上の自分のプレーは、監督への〝プレゼン〟みたいなものだった。

「監督が目指しているサッカーはこうですか?」と。

そのために多くの試合を見たし、前後左右でプレーする選手たちと積極的にコミュニケーションを図り、イメージや理解を共有した。

一般企業に当てはめれば、監督は上司になるだろう。選手は部下だ。部下は、上司の意向に沿った形で業務を行い、その部署にポジティブな成果を出すことができるか。それが上司の意向にそぐわないやり方ならば、部下の独りよがりになってしまうし、協調性や理解力に欠ける人材は、仕事を任せてもらうことはできないだろう。

だが、自分もすべての上司、すなわち監督の意向を汲み取り、一定の成果を残せたわけではない。思い返すと、自分の若さや経験不足もあって、監督の目指すサッカーを表現できず、勝利に結びつけられなかった経験がある。


2011年、川崎フロンターレに相馬直樹監督が就任した。相馬監督は、当時タイトルを獲得することができずにいたチームを見て、サッカーの内容だけでなく、チーム内の雰囲気や空気感を根本から変えたかったのだろう、と今は思う。前年までキャプテンを務めていた自分は、その年、キャプテンという役職を外れることになり、同時にポジションも、これまで慣れ親しんでいたボランチから、ほとんどやったことがないサイドハーフへとコンバートされた。長くボランチでプレーしていたし、それが評価されて2006年からは日本代表に選ばれるようになっただけに、当初はなかなか受け入れ難かった。

相馬監督は、僕がさらに選手として成長し、突き抜けるために、新たなポジションにチャレンジする機会を与えてくれたのだと思う。ちょうど、1試合のみの出場に終わった2010年南アフリカワールドカップを経て、日本代表は次の大会に向けて新たなスタートを切っていた。それだけに、自分に足りない〝何か〟を補うための舞台や環境を用意してくれたのだと思う。

だが、30代になったばかりの当時の自分は、ボランチとして確立してきたプライドや自負もあり、監督の意向を汲み取る力が足りなかった。

キャプテンを外されただけでなく、ポジションがサイドハーフになり、相馬監督はチームメートの前で、「憲剛とジュニーニョを特別扱いすることはしない」と、公言した。今思えば、監督としてその趣旨の発言をするのはチームビルディングの一つであり、僕や当時エースだったブラジル人FWジュニーニョだけに向けたものではなく、周りの競争意識をあおるための発言だったのだと思う。だが、そのときの僕には、言葉の裏にある意図を汲み取ることができなかった。

試合に勝ちたい、チームを勝たせたいという目的は互いに一緒だった。今になって振り返れば、そのなかで、相馬監督は監督として中村憲剛をどう生かすか、自分は自分で相馬監督が目指すサッカーのなかでどう生きるか。それらをお互いに模索しながら、すれ違ってしまったように思う。

そうしたボタンのかけ違いは、チームの結果にも表れてしまった。監督が目指していたサッカーは運動量を必要とするもので、常にトレーニングからハードワークを求められていた。そして、暑さのため運動量を保てなくなる夏場に入ると、チームは失速した。2011年7月23日のアルビレックス新潟戦に敗れると、8月は1勝も挙げられず、8連敗を喫した。その後は何とか踏みとどまり、チームはJ1リーグに残留する11位でシーズンを終えたが、一度、狂った歯車は、なかなか元に戻ることはなかった。

自分自身も選手として、袋小路に迷い込んでしまった感覚があった。自分なりにそのときにできるベストを尽くそうともがいていたが、監督が目指すサッカーをなんとか表現しようとするなかで、自分自身を生かすこともできなかった。

目指すサッカーや、選手の起用については、監督に絶対の権限がある。それは2011年を戦った川崎フロンターレのときだけでなく、2010年南アフリカワールドカップのときも、メンバーに選ばれることのなかった2014年ブラジルワールドカップのときも、強く実感した。特に日本代表では、監督が使いたくなるような選手でなければいけないこと、また、結果を出し続ける選手にならなければいけないことを痛感した。

監督という〝上司〟がやりたいことを理解しつつ、自分の個性を出し、結果を残す。このとき得た教訓は、2012年の途中から川崎フロンターレの監督に就任した風間八宏さんからかけてもらった言葉で、より実感することになる。

「周りに合わせてプレーするのではなく、フルパワーでプレーしろ」

気がつけば、自身の成長よりも、チームがどうやったら結果を残せるのかばかりを考えていた僕にとって、その言葉は30歳を過ぎてなお、より自分のプレー、自分の成長にフォーカスするきっかけになった。そして、自分が成長したことで、やれることが増え、幅も広がり、結果的に自分にとってもチームにとってもポジティブなものになった。

言われたこと以上ができる人間に

上司である監督が求める約束ごとや規律は絶対だが、サッカーという競技の世界では、その範疇《はんちゅう》を超えたとしても、成功させれば肯定されることもある。そのプレーによってゴールが生まれればＯＫ、と現役のころも思っていたが、指導者になってもそう思う。

だから僕は、監督が求めていることを実行しながら、その上をいくようなプレーをして、チームに勝利をもたらしてやるという気持ちでずっとプレーしていた。監督の想定外のプレーや動きだったとしても、チームの利益になっているのならば、否定されることはないのだから。プレーの選択肢を提示しながら、それを超えるプレーや判断をこちらに求めた日本代表のイビチャ・オシム監督や、２０１２年から5年間、指導を受けた風間八宏監督がその好例だった。

また、自分がそこにチャレンジできたのは、ピッチ中央にいるトップ下やボランチだったことも関係していた。試合が始まるときはチームの真ん中にいるが、試合が動き出せば、右でも左でも、前でも後ろでも、状況に応じて、どこに行ってもいいポジションだったからだ。

川崎フロンターレにJ1リーグ優勝の初タイトルをもたらした鬼木達監督からは、トップ下として、なるべくFWである小林悠の近くにいることを求められていた。しかし、それによって自分にボールが来なかったり、チームがうまくいっていなかったりした場合は、異なる判断や選択でチームや相手を動かすことを監督に許容してもらっていた。

一例として挙げたいのは、リーグ連覇を達成した2018年8月19日のJ1リーグ第23節、サンフレッチェ広島戦だ。0－0で折り返すことになる前半、川崎フロンターレは広島の守備に手を焼いていた。僕らは後ろでボールを回しながら攻撃を組み立てようとしていたが、相手が同人数でプレッシャーをかけてくるため、マークをかいくぐることができず、〝息ができない〟ような状態に陥っていた。前半からその状況を把握していた自分は、トップ下の位置から、さらに下がってパスを受けることで、後ろをヘルプしようと考えた。自分がポジションを下げることで、相手が自分を警戒して、守備をするときのバランスが崩れるし、後ろに人数が増えることで、相手の守備の手が届かないエリアが生まれ、前進することが可能になると考えたからだ。

ハーフタイムにロッカールームへ戻ると、鬼木監督からは前述のとおり、できるだけ悠の近くでプレーして欲しいと言われた。自分が持ち場を離れることで、こちらの前線は選手が減るのだから、監督の考えは自分も理解できた。しかし、そこで僕は、前半の動きを踏まえて、後半に向けて自分の立ち位置をどう取るべきかをコーチと一緒に説明すると、鬼木監督はその提案を受け入れてくれた。鬼木監督のすごさは、考えを一方的に押しつけるのではなく、選手の感覚や判断を尊重してくれる柔軟性にある。

実際、後半に入り、自分がポジションを下げる効果を示すことで、監督が求める範疇を超える選択が許された。自分が下がってパスを受け、さばくことで前半よりもボールを前進させることができるようになり、相手の混乱を誘った。また、自分が下がることで空いたスペースを、両サイドの阿部浩之《あべひろゆき》と家長昭博がうまく使ってくれたことも相乗効果を生んだ。その結果、56分には先制点を許したが、63分と77分に小林がゴールを決め、僕らは2－1で逆転勝利を収めた。2018シーズン、サンフレッチェ広島とは優勝争いを繰り広げていただけに、この1勝はリーグ連覇への大きな布石になった。

この経験から3点、伝えたいことがある。一つ目は、想定されていた枠を自ら広げて結果を出そうとするということは、いくら上司との信頼関係があっても、常にリスクと隣り合わせだということ。二つ目は、上司が求める範疇を超える選択が許されたからには、必ず成功させなければならないということ。そして最後は、それが許されるためには、日頃の自分のチームへの働きかけがみんなの信頼を得るものでなければならないということ。要するに、試合中に状況を好転させるためにも、頭をフル回転させ、実行する習慣を普段のトレーニングから身につけておくことの重要さである。

言われたことができる人はたくさんいる。しかし、言われたことをやるだけでは想定外のことや、苦しい展開になったときに打破する力は養えない。苦しい状況になったときこそ、その人の本当の力が試されるし、それを打破するために自分には何ができるのかを人の何倍も考え、実際に好転させられる実行力を身につけるべきだと思う。

そして、そういった選手が指導者やチームメートの信頼を勝ち得ていくものだと思っていたし、自分はそういう選手でありたいと思い続けた現役生活だった。

長く続く組織には必ず「理念」がある

相馬監督とのエピソードは、「意向を汲み取れなかった」と明かしてくれたように、成功例だけではない事例として非常に貴重と言えます。

何十年以上にもわたって維持できている企業には、必ず会社としての理念が存在しています。社員の一人ひとりが理念を理解し、浸透することが企業の発展につながると言われています。憲剛さんは企業が持つべき理念を、まさに植えつけてきたような人物。憲剛さん自身も川崎フロンターレというクラブの理念を理解し、共感してきたことで成長（企業であれば出世）しました。そして次には、後輩のチームメート（企業であれば部下）に理念を理解してもらい、浸透させる役割を担いました。まさに、個人と組織の両方の役割を示してきた人だけに、相馬監督の思いを汲み取れなかったことへの悔しさや説得力も増します。

もう一つ、触れているのが自分の想定した枠組みを超えて結果を出すことで周りに認められていく実感について。企業で言い換えると「給与以上の働きをする」意識で仕事をしていることになります。つまりは、職場に対して評価以上に恩返しできる自分であることを指しているのでしょう。自分が活躍することで、クラブ＝会社の利益が上がれば、自分だけでなく、周りも充実感を得られる。憲剛さんに、他の選手にはない存在価値があったとするならば、会社の理念、チームの理念に加えて、中村憲剛の理念が、そこに重なっていたことだと思います。感謝・感激・感動——与えられたことだけをこなしていたら、最後にある感動を与える選手にはなっていなかったでしょう。

自分を客観視するために

自分を俯瞰して見る＝客観視することでわかること、見えることはたくさんある。僕は自分自身の「心」と対話することで、自分を客観視し続けてきた。

原点は、何度もつづってきたように、自分の試合映像を見返すことだった。

最初は、自分がうまくいったと実感しているプレーを再度見ることで喜びを得られるのが好きだった。ただ、試合の映像を見ていると、そこから得られる情報量の多さや、何を見るべきか、どこに注目すべきか、という視点もだんだんと整理されていった。映像を繰り返し見続けることで、いろんなことがわかる。それは成功した、うまくいったプレーだけではなく、失敗した、うまくいかなかったプレーにも目がいくからだ。そうやって見ていくなかで、自分のプレーの癖やミスの傾向も見えてくる。

「ここで首を振って周囲を確認していなかったからパスを通せなかった」
「この場面では、事前に後ろに相手がいることを確認できていないからボールを奪われている」

次の試合では、気づいた癖や傾向を意識してプレーするから、ミスが減っていく。ただし、癖というものはそんなにすぐ解消、改善できるものではない。決して癖がなくなることはないが、意識することで確実にミスが減っている実感はできた。

また、映像で振り返ることができないプレーや事象については、会話で確認して判断するようにしていた。

例えば、練習でチームメートとのパスワークからシュートまで成功したシーンがあるとする。すると、すぐにチームメートと、そのプレーについて話をして、「今の動きはこうだったからよかった」と、相手に思ったことを伝える。

例えば、チームメートからのパスのタイミングがずれて、シュートまで到達できなかったシーンがあるとする。このときも、チームメートとそのプレーについて話をして、「今の状況は、このタイミングでパスを出してほしい」と、相手に改善してほしいことを伝え、それに対してのチームメートの考えを聞いて擦り合わせていく。

自分の考えを伝え、相手から意見をもらう。うまくいったことも、うまくいかなかったことも共有することで、お互いにずれていた絵（イメージ）が、カチッとはまっていく。

映像で振り返れないときほど、鮮度が大事になるため、なおさら敏感だった。「いつか」や「あとで」ではなく、解決できることはその瞬間に解決したほうが、次の瞬間から成長することができる。

時は金なり――ということわざがあるが、まさにその瞬間の関わり次第で問題は改善されるし、その瞬間に解決しておくことがゴールにつながる。

若いときから、疑問や不満はその場、その場で解決してきた。

それもすべては自分を客観視すること、自分と対話することで、そのときどきの自分が何を求めているか、自分に何が必要かを把握できていたからだった。

ミスと向き合いクリアにする

ミスをしたときこそ、成長のチャンスだと常々思っている。

うまくいっているときは、うまくいっている理由があるように、うまくいかなかったことにも必ず理由はある。ミスや失敗といった、うまくいかなかったことの理由がわかると、改善しやすくなるし、対策も練ることができる。


プロサッカー選手時代のルーティンになっていた試合映像を振り返る作業は、勝った試合なら何度だって見返せるが、負けた試合はできれば見たくないし、自分が失点に関与してしまった場面に至っては、早送りしたくてたまらなかった。

でも、そういう場面こそ見返さなければ、負けた原因も探れないし、ミスした原因を知ることもできない。

試合中にも、失点につながった流れやポイントは、だいたい把握していた。だが、実際に映像で再確認してみると、自分が想像していた以上に水が漏れていたり、穴が開いていたり、チーム全体を立て直さなければいけないと感じることが多かった。思っている以上に、見えているようで見えていなかったということだ。

上司たる監督の理解者であるためには、なおさら、敗戦やミスの原因を知っておかなければならなかった。

そして、同じ敗戦や過ちを犯さないように、自分なりに対策を考え、練習ではチームメートと改善点について取り組み、話し合っていく。

負けた試合、ミスをした試合を見返すのは、はっきり言って苦痛だ。でも、そこには必ず成長や変化のヒントがたくさん散らばり、転がっていた。

ポジション柄、直接的に失点に関与する場面は決して多くなかった。しかし、自分がボールを奪われたことで相手の攻撃が始まり、失点を許してしまったことはたくさんある。ボールを奪われた自分自身に腹が立つし、そんな自分にいつも、心底むかついていた。

ただ、直接的に失点に絡んでいないからといって、ミスを隠すわけにはいかなかった。ミスはミスとして認めて、自分のなかでちゃんと〝清算〟をしなければ、自身の心も、チームも、次へと進むことはできないからだ。

同じミスを繰り返したり、同じ過ちを犯したりする人は、そのミスを、ミスとして直視せず、受け入れず、清算せず、目を背けてしまう。誰しもが、自分のミスや過ちを直視するのは嫌だし、苦痛だろう。でも、そこを受け入れ、向き合わなければ、間違いなく成長はない。

自分で自分の心をクリアにする。ミスと向き合い、清算して、解決することで浄化され、成長していく。これも自分との対話の一種だろう。

心に余白を作ってわかったこと

周りから見たプロサッカー選手、〝中村憲剛〟の印象はどうだったのだろうか。ストイックな人から見たら、決してストイックな選手ではなかっただろうし、ストイックではない人から見たら、ストイックな選手に見えたかもしれない。

自分では、それほどストイックな選手ではなかったように思う。完全のようで、不完全。自分としても、逃れる、許せる「余白」を持つようにしていた。

プロサッカー選手になったばかりのころは、コンディションを意識するあまり、脂質の多い食事を避けたり、刺身などの生魚を食べるのを控えたりもしていた。飲料水についても気を遣い、質の高いものを身体に採り入れるなど、「プロサッカー選手とはこうあるべき」という、管理と節制をとことんやっていた。

ただ、そうやって自分をがんじがらめにした結果、肝心のパフォーマンスが向上したかというと、大きく変化することはなかった。それほど身体に効果がないにもかかわらず、管理と節制を行うことで過度にストレスを感じるのなら、そのときの自分の感情や欲に身を委ねたほうが自然体でいられるのではないかと、キャリアを重ねるなかで考えた。

こと食事に関しては、節制を経験したうえで、「これを食べてはいけない」「これはしてはいけない」といった制限をやめた。その結果、我慢により心にかかるストレスが大きく減った。だから、選手時代も、スナック菓子を食べることもあったし、スイーツを食べることもあった。もちろん、食べすぎないようには心がけていたけれど……。そしてストレスが減ったことで、パフォーマンスは上がっていった。今は以前と違い、食事・栄養に関する情報や知識の量が圧倒的に増えているので、これを読んでいろいろなことを言われたとしても仕方がないことは自分でもよくわかっている。ただ、これは18年の現役生活で、さまざまな方法をやり尽くしたうえで導いた僕なりの結論でもある。だから「こういう人がいるんだな」と、このやり方を試してみるもよし、反面教師にするのもよしだと思う。

食事だけでなく、就寝時間にこだわっていた時期もあった。

翌日のコンディションを考え、睡眠時間を確保するため、夜は12時前には寝るよう努めていた。

ただ、これは共感してくれる人も多いのではないかと思うが、「寝なければ」と思えば思うほど、眠れないのだ。

特にアウェイゲームを戦うために遠征したホテルでは、環境が変わることもあって、なかなか寝つけなかった。対策として、普段から愛用している枕を持参したり、マットレスを持っていったりしたこともあったが、それでも眠れないときは眠れなかった。

でも、学生時代の経験が、そうした習性や不安を打ち払ってくれた。

僕が大学3年生のとき、中央大学サッカー部は関東大学1部リーグで残留争いをしていた。その年は結果的に2部リーグへと降格することになるのだが、ある試合で、試合会場が遠く、ホテルに前泊したとき、プレッシャーを感じて一睡もできなかった。寝ようとすればするほど、目は冴えてしまい、試合のことをあれこれと考えてしまう。最終的には、同期の学生スタッフの部屋でいわゆる寝酒をすることにした。アルコールの力を借りて何とか寝ようとしたのだ。今、思い返してもありえない判断だと思うが、そのときは、そうしないと寝られないと思ってしまうところまで追い込まれていて、正常な判断ができていなかったのだと思う。それでも結局、眠りは浅く、熟睡することはできなかったことを鮮明に覚えている。

だから、翌日の試合は、自分の体調とパフォーマンスがとてつもなく心配だった。だが、いざ試合が始まると、自分のプレーは決して悪いとは感じず、いつもどおり戦うことができた。むしろ、いつもよりも感覚が研ぎ澄まされていたようにすら思う。

試合には敗れ、残留がますます厳しい状況に追い込まれてしまったことにひどく落ち込んだが、もう一方では「人間、眠れなかったとしても身体はわりと動くんだな」と、そのときに学んだ。もちろん、睡眠時間が少ないことで、その後にリカバリーするのは大変だったし、いいことではないのは間違いない。当然、しっかりとした睡眠をとるに越したことはない。ただ、その経験を経て、自分のなかでは、最悪、あまり寝られなくても、大きな問題にはならないことを体感した。この経験をしてからは睡眠時間に寛容になり、寛容になったことで焦りも減り、逆に寝られるようになった。

12時前には就寝する。これはあくまで目安だ。それくらいに考えていると、かえって11時には眠くなっていたりするから不思議だ。

結局のところ、「何かをしなければいけない」と考えるから、それがマイナスに作用するし、苦しくもなる。何かをしようと思うのは、明日の自分のパフォーマンスを向上させるため、明日の自分が活躍するためだから、プロサッカー選手としては当然の感情だ。だからこそ、発想を転換し、僕は「寝なければいけない」と考えるのではなく、「最悪、眠れなくても大丈夫」と考えることで、逆に眠れるようになるという思考回路を構築することができた。

プロ1年目や2年目は、プロの世界で生き残っていく重圧から、そんな大学時代の経験を忘れて、また試合前日に眠れなくなる日もあった。睡眠、体調、食事と、「プロらしく」管理を徹底しようと躍起になっていたが、それができただけではパフォーマンスが上がるわけではないことが実体験からわかった。管理はするが、自分のそのときの心と向き合い、微調整をすることで自分なりのパフォーマンス向上の方法に到達することができた。

繰り返しになるが、あくまでもこれは僕の話であり、自分の身体と向き合ってきたなかで、本当に多くのことを試したからこそわかった結果だ。人によっては、とことん管理・節制することでパフォーマンスが上がる場合もあると思う。だからこそ、いろいろと試行錯誤しながら、それぞれに合ったスタイルを見つけることが大切で、望ましい。僕の場合は、心に余白を作ることで、「不完全からくる最適解」を見出すことができたのだった。

自分を知ることは病気の予防になる

医学的に、人が病気になるには、さまざまな理由があります。そのなかの一つとして軽視できないのが心の傾向です。性格的な〝癖〟が病気につながるケースは往々にしてあります。例えば、あると回しにする、飽きっぽい、諦めやすい傾向があると、生活が不規則になり、過飲食、不眠、運動不足などから生活習慣病になりやすいと言われています。また怒りっぽい人やせっかちな人は動脈硬化系の病気になりやすく、緊張しやすい、責任感が強い人は胃腸に異常が出やすいとも言われます。自分の心の傾向に気づき、対処することで、未然に防げる病気はいくつもあるのです。

そのために、憲剛さんが行ってきたように、日常的な自分の客観視や、自分が信頼する人からの指摘によって、自分を知ることが大切です。長時間、放置している心の傾向は、〝習慣〟になってしまうと、軌道修正が難しくなります。憲剛さんのように、こまめに確認する、反省する、修正する、解決するといった考え方は、病気の予防にもつながる大きなポイントです。

一方で、「心に余白を持つ」というキーワードも出てきたように、自分を追い込みすぎるのもよくありません。ときには、病気をするまでがんばった自分を許すことも大切です。過剰な自己責任はまた別の病気を招く可能性があるからです。憲剛さんが言うように、自分の心をもっと自由に、おおらかに、また心の成長や努力を楽しみながら生きていくというのは、一人の医師としてみても参考になる話でした。病は気から――迷信のように聞こえますが、まさにその通りなのです。

コンプレックスは力になる

子どものころの自分は、身長が低く、華奢だったことはたびたび触れてきた。

はっきりと言おう。身長や身体能力に恵まれていなかったことは、幼かった自分にとって間違いなくコンプレックスだった。中学生のときは、父親が「高校時代に一気に身長が伸びた」という言葉にすがり、自分も「高校生になれば」と、いつも未来に希望を抱く学生時代だった。

しかし、サッカーから、人のせいにしないこと、環境のせいにしないことを学んだように、自分の身長や体格のせいにしていても、決してサッカーが上達しないことにも、若いながらに気づくことができた。コンプレックスをコンプレックスとして終わらせるのではなく、プラスに変える。コンプレックスをどうやって自分の強みに変えることができるか。それを考えてきた選手人生でもあった。

高校生のときはもちろん、大学生のときも、自分にフィジカルが備わっていないがゆえに「クソッ！」と、歯ぎしりしたことは山ほどある。プロになったときも当然、体格差を感じた時期はあったが、高卒ほど若くない大卒選手としては順応するまでに時間をかけている余裕や猶予はなかった。すぐに今の自分が生きる術、道を探した。

ただ、2006年に日本代表に選ばれ、日本の一流選手が集まる場所に初めて飛び込んだときには、ある程度、自分のことが知られていたこともあり、適応するのにそれほど時間はかからなかった。しかし、今度はまた別のコンプレックスを感じた。それは育成年代における「日本代表」と名のつくものに、自分が一切呼ばれてこなかった経験と、育成年代の大会で活躍した実績もないというキャリアの面でのコンプレックスだった。ただ、それも自分の努力によって過去を覆せる場所にたどり着けたのだと思考を変えると、あとは思う存分、自分を見せるだけだと思うことができた。

中学、高校、大学は、自分のことを誰も知らない状況からアピールを始めて、自分を知ってもらい、自分の存在価値を示さなければならなかった。しかし、日本代表は、すでに周りに自分の特徴やプレースタイルを知ってもらえているし、対戦相手として戦った経験もある。距離や隙間を埋めるのに、それほど時間は必要ない状況だった。

そうやって、自分のキャリアを振り返ってみると、コンプレックスを持ってはいたが、それを受け入れることで、自分の強みは何かを考え認識することができたと思うし、自身のストロングポイントを生み出せたとも言えるだろう。

逆に一つの戦い方、例えば身体能力の高さで勝負する選手のほうが、もしかすると大変かもしれない。能力でその世代を圧倒してきた選手が、カテゴリーが上がるなかで、自身の力が通用しなくなるレベルで戦わなければならなくなったときに起こりがちなことだが、勝ち続けてきたがゆえに挫折を味わう機会がないと、他の道や異なる答えを導く手段を講じて対応する経験ができなかったことで、立ち往生してしまう。年齢を重ねてから壁にぶつかると、思いのほかリカバリーは難しい。その点、コンプレックスだらけだった自分は、常にどこが自分の強みになるのか、どうすれば欠点を補えるかを考えてきた。だからこそ、プレーや人生につまずきそうになったときにも、他の解決方法や異なる成功の道筋を描きやすかった。

要するに、コンプレックスがあったことで、うまくいかないときも、何とかうまくいく方法を考えようとするマインドを養えたのだ。

自分は小学生時代に大海を見て、己の実力を知って打ちのめされ、サッカーから離れてしまった。でも、そういうコンプレックスや劣等感を抱いた経験がないと、強い衝撃を受けたときに、跳ね返す、よじ登る力がなかったりする。

コンプレックスを認めることが、成長への一歩になる。他人と自分を比較するからコンプレックスは生じるが、そこで自分には何があるのか、自分は何ができるのかを考えていくことで、それが個性になっていく。

ときには他者との比較もいい

一般的に、コンプレックスが負の要素の強い劣等感だとしたら、自尊心を意味するプライドは対となる気持ちだろうか。

しかし、プライドはときに力にもなり、ときに邪魔になることもある。自分が積み重ねてきたことへの矜持《きょうじ》は持つべきだが、根拠のない自負やいらないおごりは、自分の成長を妨げる。だからこそ、自分を常に客観視して、セルフジャッジできるフレキシブルさがなければいけない。

個人的に、学生時代からサッカーのエリート街道を歩んできたタイプではなかったため、高いプライドを持てる状況、環境ではなかったが、だからといって自分を必要以上に卑下することもなかった。

実際、キャリアを振り返ると、自分に矢印を向け続けてきた一方で、若いころは自分と他者を比較し、競争するなかで成長してきた部分もあったと思っている。経験や年齢に応じて、その比率が右に傾いたり、左に傾いたりと、変わっていっただけで、決してどちらかがゼロになったわけではなかった。

それこそ、プロになったばかりのころは、サッカー専門誌がつける毎試合の採点すら気にしていた。10点満点で採点される評価は0・5刻みで、及第点のプレーをすると6・0。しかし、一般的に10点満点がつくことは限りなくゼロに近く、8・0や9・0の数字もまず見られない。

試合を終えて、サッカー専門誌がそれぞれつけている選手の採点を見てみると、自分に平均よりもプレーの質が低いことを意味する5・5や5・0がつくこともあった。しかし、自分の手ごたえは決して悪くなく、数字に違和感を持つことも多かったし、当初は憤りを感じたものだった。

でも、この採点は記者の方が、1人で両チームを見て、22人(実際は途中出場した選手を含めてもっと多い)に点数をつけている。1人ですべての選手を見ることはもちろん、プレーの善し悪しを判断することは容易ではない。それこそ漏れや抜けもあるだろう。そう考えるようになってからは、採点も他者との数字の差も気にならなくなった。

また、川崎フロンターレがＪ１リーグに昇格したばかりのころまでは、対戦する同じポジションの選手を意識して、自分と比べることもあった。それこそ、当時はガンバ大阪に在籍していた遠藤《えんどう》保仁《やすひと》選手（現ガンバ大阪コーチ）は、プレースタイルも近く、憧れの存在でもあっただけに強く意識していた。実際、同じピッチに立って対戦してみると、純粋にすごさを感じた。周囲はことあるごとに、同じポジションの選手と自分を比較するような記事を書いてくれたが、僕自身はいつしか、ヤットさん（遠藤保仁）や他の選手と自分を比べることはなくなり、自分にフォーカスして、自分が満足、納得できるプレーをどれだけ増やしていけるかを考えるようになった。

でも、こうした他者との比較は、決して無駄ではなかったとも思っている。周りに関心を抱かなければ、競争力のない人間になっていただろう。

彼らよりもうまくなりたい、彼らよりも目立ちたい、また、チーム内では自分が試合に出たい、自分が活躍して試合に勝ちたい。そうした感情が消えることがなかったからこそ、２０２０年に選手を退くまで、エネルギーを持ち続けることができたのだと思っている。

自分が思い描く自分を超える

今は指導者、解説者などさまざまな仕事をさせてもらっているが、サッカー選手だった中村憲剛に対しては、みなさんはどんなイメージを抱いていてくれていただろうか。

プロ18年のキャリアで在籍したのは、川崎フロンターレのみだったから、クラブ思いの一途な選手だろうか。または、ボランチやトップ下というポジションでプレーしていたから、パサーや司令塔だろうか。メディアに出る機会も多く、ときにはかぶり物をしたり、歌ったり、踊ったりすることもあったから、気さくで明るいキャラクターだろうか。

自分で自分のイメージを挙げていく気恥ずかしさもあるが、そうしたイメージは、僕だけでなく、家族、クラブ、チームメート、そして応援してくれるファン・サポーターの人たちと一緒になって作ってきたものだと思っている。

実際、一番近い家族である妻の影響は大きかった。苦しんでいたり、もがいていたりする僕を見て、妻は「あなたを支えているのではなく、私も一緒に歩いている」と、伝えてくれた。そして妻は、僕に「みんなから愛される選手になること」を強く望んでいた。

中村憲剛は、チームのなかでこうあってほしいよね。

中村憲剛は、ファン・サポーターに対してこうだったらいいよね。

ときには、その行為や行動は、求めている中村憲剛ではないのではないか、と諭してくれることもあった。

自分自身もサッカー選手である自分を客観視していたうえに、もう一人、自分の最も身近にいて、最も信頼できる人が、自分を客観視してくれている。

そう思うと、自分は迷うことなく、自分が信じた道を突き進むことができた。


また、いつしか川崎フロンターレの本拠地である等々力陸上競技場が満員の観客で埋まったように、多くのファン・サポーターに応援されていると感じるようになってから、「中村憲剛」を、応援してくれている人たちと一緒に育ててきたようにも思う。

その期待に応えたい、その期待に応えるにはどうすればいいか。ときには、外側から自分を見て、ときには内側から自分を見て、中村憲剛を育て、そして作ってきた。

その根底には、子どものときから思い描いてきた、自分はこうありたい、自分はこうなりたいという、自分のなかでの理想の中村憲剛像があった。そして、プロになってからは、周りの期待に応えようと、自分が思い描いている自分をさらに超えようとしてきた。

自分が思い描く自分を超える。

その気持ちがあったから、歴代最年長の36歳でJリーグ最優秀選手賞を受賞できた。37歳で、自分にとっても、クラブにとっても初となるタイトルを獲得できた。

その気持ちがあったから、39歳で左膝の前十字靭帯を断裂するケガを負いながら、40歳で復帰して3度目のJ1リーグ優勝と天皇杯を獲得することができたのだと思う。

年齢はあくまで数字。自分からリミットや限界を作る必要はないと思っていたから、選手として30歳を過ぎてからも成長できたし、40歳まで走り続けられたのだと思う。

だからこそ、このメッセージを送りたい。

自分の可能性に自分で蓋をしてはいけない――。自分の道を途絶えさせるのは他人ではない。いつだって自分自身だ。自分でダメだと思ったら、自分でストップをかけてしまったら、そこから先の成長はない。蓋を閉めない限りは成長するし、コツコツ積み重ねることで、自分の求める姿に近づくことができると、僕は信じている。

苦難のなかでもポジティブを探す

コンプレックスとは少し異なる種類の話になりますが、世の中には難病に指定されている病気や先天性の疾患、慢性的な病気と向き合っている人がたくさんいます。私事にはなりますが、妻もALS（筋萎縮性側索硬化症）を発症し、10年ほど闘病したのちに亡くなりました。そうしたハンディキャップを背負って生きていくことは、本人はもちろん、支える家族にとっても、苦しみを超えた先に大きな気づきを与えてもらっていると、私自身が感じています。

挫折や敗戦に悲観するだけでなく、ポジティブに考えて新たな自分を見出してきた憲剛さんの話は、私自身の経験も重なって大いに共感できるものでした。妻の病気が発覚する前の私は、大学病院に勤務し、夜遅くまで働く生活を送っていました。しかし、妻の病気がわかってからは、今のままの生活では、妻の看病はもちろん、家族で過ごすことはできないと、大学病院を辞めてクリニックを開業する決意をしました。クリニックの開業から軌道に乗せるまでには、たくさんの苦労もありましたが、妻との時間、娘との絆も深まり、私自身の人生を大きく変える契機になりました。憲剛さんが第三子である里衣那さんの誕生を機に心が変わったように、私にとっても人生の本質が見えた瞬間でした。憲剛さんが言うコンプレックスをプラスに変える力、苦難のなかでもプラスになるものを探して喜びを見出す力は、心を大きく成長させてくれます。私自身がクリニックにて、患者さん一人ひとりの心と向き合おうとするのも、心が変わるきっかけがあったからです。

第6章

人生の質を高める心の処方箋

成否で物事を判断しない

僕はここまで生きてきたなかで、物事を「成功」と「失敗」という成否で判断してこなかった。

プロサッカー選手として40歳で引退したとき、35歳を過ぎてから五つのタイトルを獲得したこともあって、周りからは「成功したサッカー人生でしたね」と言ってもらう機会が多かった。称賛の言葉は素直にうれしく、本当にありがたかったが、自分自身は人生を成否で判断していないため、実のところはピンときていなかった。

そもそも「成功」とは何を意味し、そもそも「失敗」とは何を指しているのだろうか？

勝敗が必ずつくサッカーでは、プレーの「成功」と「失敗」は当然、言葉として使われるし、試合に負けることを「失敗」というのかもしれない。ただ、選手時代は試合に負けたとしても、決して「失敗」とは捉えていなかった。あくまで、その試合に勝つ戦い方ができなかった、その試合に勝利する力が足りなかったと考えていた。そのときのチームや自分に、準備や実力が足りていなかったから、試合に勝てなかったわけで、自分のなかでは決して「失敗」ではなかった。だから、次の試合に勝利できるように、さらに準備（練習）を行い、技術（力）を磨こうとした。

子どものときは、「成功」と「失敗」という物差しで物事を見ていたかもしれない。全国大会に出場できること、トレセンなどの選抜チームに選ばれることが、サッカーにおける成功であり、サッカー選手としての成功だと思っていた。しかし、物心がついて、さらに大人になってからは、「成功」と「失敗」の二択で人生を計ることをしなくなった。

サッカーは一人でやる競技ではなく、チームメートとともに勝利を目指すチームスポーツだったことが大きい。だから、Jリーグ最優秀選手賞を受賞したときも、J1リーグで初めて優勝したときも、「成功した」とは微塵《みじん》も思わなかった。個人タイトルも、チームタイトルも、一人だけで得たものではなく、チームとして勝ち得たものだったからだ。

また、それは自分自身の生活にも当てはまった。日常も一人ではない。僕には妻や子どもたちがいる。家族とともに日々を歩んでいるため、何かに躓《つまず》いたとしても、何かがうまくいかなかったとしても、それは失敗ではなく、自分を含めた家族全員で乗り越えていくものと考え、向き合い、取り組むようになった。

だから、僕は成否ではなく、自分が目指すもの、目指すところを達成したか、達成していないかで物事を考えてきた。

自分自身が、何かを自分に課したとき、それをやり遂げることができたかどうか。やり遂げられたら達成感とともに、充実感を得られた。

それに、選手としては40歳の2020年に引退し、一つのキャリアに区切りをつけたとはいえ、僕自身の人生はこれからも続いていく。選手時代の経験や体験は、これからの人生においてもきっと役に立つはずだ。これまでのことを生かして、今後も進んでいくように、選手生活が終わったからといって、〝人生そのもの〟に区切りをつける必要はないと思っている。

そのとき、何かが足りなかったり、欠けていたり、もしくは目指す場所に到達できなかったとしても、それはあくまで「そのとき」の話。自分で成否を決めさえしなければ、そこから先はいくらでも挽回できるし、前進できる。

負けは「感じる」もの

川崎フロンターレで過ごした18年間で、僕はリーグ戦通算546試合に出場している。単純に勝敗の数だけを見れば、勝利数のほうが多かったと思う。ただ、タイトルを逃した機会が多かっただけに、悔しい思いをしたことのほうが強烈な印象として残っている。

そのため、記録ではなく記憶としては、勝ちよりも負けが多いサッカー選手人生だった。

負け知らずの人生を歩んでいる人なんて、おそらく少年漫画の主人公くらいのものだろう。多くの人は、何かしらの競争に敗れ、悔しい思いをしてきたはずだ。僕自身も試合に敗れるたびに、悔し涙を流すたびに、それを糧にして先に進んできた。ただ、それでも、負けることで得られる「学び」はないと思っていた。

負け続けてきた人生だったし、負けを教訓にして次へ進むと口にもしてきただけに、この言葉に矛盾を感じる人もいるだろう。

しかし、個人的には、負けは学ぶものではなく、感じるものだと思ってきた。

試合に負けたときには、なぜ負けたかを肌身をもって自分自身が感じ、理解する。理解できるまで原因や理由を探る行為を「学び」と捉えることもできるが、僕自身は試合に負けた事実と結果をしっかりと感じ、消化して、次に進んできたからこそ、最終的に勝利が得られたのだと思う。

だから、タイトルを獲った経験＝勝ちから学んだことはあっても、タイトルを逃した経験＝負けから学んだことはなかった。それはサッカーだけでなく、スポーツ全般に言えることだ。また、育成年代においても同様だ。特に、育成年代ではトーナメント形式の試合が多く、最後の大会で負ければ活動も終わるように、プロであっても、学生であっても、1敗は1敗、負けは同じ負けだ。負けたという事実は覆らない。

覆らないが、育成年代の負けは決して「失敗」ではないことだけは強く伝えたい。選手たちの人生はその先も続いていて、それぞれの道で負けた経験からヒントを得て生き生きと歩むことができれば、その負けは「失敗」ではないと僕は思うからだ。そして、負けを経験するからこそ勝利の喜びや尊さを知ることができるし、勝って得られること、勝って学ぶことは本当に多いと思う。初めて優勝したときに、その言葉の本当の意味を知った。

楽しいか、楽しくないか

優勝というタイトルは、成否を判断するうえではわかりやすい目盛ではある。しかし、僕自身は「成功」や「失敗」で物事を捉えていなかったから、心の達成感や充実感を図る材料としていたのは、また別の目盛だった。

試合中は、「気持ちよくプレーできているかどうか」という感覚が大切だった。自分が気持ちよくプレーできているときは、敵チームが嫌がっているということだ。相手にとって、その試合や時間帯は「気持ち悪い」感覚や状況が続いていることになる。その感覚に敏感に反応し、状況を読むことが、チームが勝利に近づくための第一歩でもあった。

つまり、自分自身が試合中にプレーしていて不快感があったとすれば、反対に相手が気持ちよくプレーしているということになる。その状況を変えるため、自分は何かを変えなければいけないし、対策や対応をしなければならなかった。

要するに、試合中の判断基準が、まさに「気持ちよくプレーできているか」「気持ちよくプレーできていないか」、つまり自分自身が「楽しめているか」「楽しめていないか」だったのだ。

自分自身がその状況を楽しめているのであれば、もっと楽しくなるアイデアを出して、さらにその時間が長く続くように工夫していけばいい。自分がその状況を楽しめていないのであれば、楽しめるように変えていく。

サッカーという競技は必ず勝者と敗者に分かれるが、試合に勝ったからといって、必ずしも結果や内容に満足できるわけではない。試合には勝ったが、内容は楽しめなかった、むしろ苦しかったという試合は山ほどある。だからこそ、成否で判断するのではなく、楽しいか、楽しくないか、気持ちがいいか、気持ちが悪いかの感覚がとても大切だった。試合に勝ったうえで楽しい、気持ちがいいと思える感覚を得られていると、それがまた次への意欲へとなっていく。

さらに、楽しいと思える感覚で結果が出る＝試合に勝ち続けていくと、その「楽しい」の基準も上がっていくのだ。もっと楽しく、さらに楽しく――その思いが、自分や周囲の向上心になっていく。

成功も失敗も目的達成の手段

第6章では、自身の人生観について触れています。まず、成否で物事を判断してこなかったこと。この考えは非常に興味深く、なぜ、そのように考えられるようになったのかを考察しました。人生を大局的に見ると、失敗もあとから見れば、自分を成長させてくれる要因になり、試練があったから気がついたこともあるはず。成功と失敗は表裏一体ですが、彼のように自分の成長を人生の目的と考えると、成功も失敗も目的を達成するための手段にすぎないということなのでしょう。

一方で、負けは学ぶものではなく感じるもの、という表現ですが、個人的には負けから学ぶものはあったのではないかと思いつつも、この言葉から彼が「勝負師」であることを知りました。勝つことが使命であり、勝つために戦術や戦略を張り巡らせてきた人なのだと。そのため、負けという結果に対しては、頭を使って考えるのではなく、悔しさや未熟さを心で感じて、次に生かすものと捉えている。同時に、負けて学ぶ余地を残しているくらいなら、戦う前にもっと周到に準備しておくことの大切さを説いているように受け取りました。

また、彼が大切にしていた「楽しいか、楽しくないか」という感覚ですが、彼から努力、根性、忍耐といった類の言葉を聞く機会がほとんどないように、厳しい練習でもどうやったら楽しくできるか、どうやったら楽しくなるかを考えて生きてきた人だと思います。その楽しさにも、発展していく段階があり、自分、チーム、観客と、それぞれが感じる楽しさに応じて、彼自身の心や行動が変わってきたことがうかがえます。

期待が人を成長させる

自分に期待していたように、僕は周りにも期待をし続けてきた。それは指導者になった今、より強く思っている。

それは自分自身が誰よりも、周りから期待されることに対する喜びを知っていたからだった。学生時代は陽の当たる場所を歩いてきたわけではなかったからこそ、川崎フロンターレでプロになり、試合で活躍するたびに、チームメートからの信頼が高まり、周りからの注目度が上がり、期待されていくのがたまらなくうれしかった。

だから自分に期待するのと同じく、周りにも期待をし続けてきた。期待を感じることで、それがやる気や成長につながると信じていたからだ。

特にキャリアの晩年は、チーム内でもそれなりの実績を残してきたことで、自分の言葉に重みがあることは、自分自身でも自覚していた。

「憲剛さんが褒めてくれた」

「憲剛さんが認めてくれた」

何気なくかけた言葉でも、その選手のやる気を引き出せたことは目の輝きを見ると実感できた。

また、メディアを通じたチームメートのインタビュー記事からも、自分の言葉が成長につながっていた経緯を知る機会もあった。

「憲剛さんが言ってくれたアドバイスが心に響きました」

自分が期待することで、周囲が成長していく。周囲が期待に応える行為は、自分自身にも還元されていく。

すなわち、チームの勝利だった。

だから、言葉だけでなく、さまざまな形、行動で、僕は期待を示すようになった。

たとえば、練習でのプレーがうまくいっていない選手がいたとする。もしかしたら、その日はたまたま調子が悪かっただけかもしれない。もしくは、周囲の期待や要求に応えられず、苦しんでいるのかもしれない。いずれにしても、本人にその理由と向き合い、立ち直ってもらう、もしくは改善してもらうしかない。

そんなチームメートがいたときには、「うまく使う」というと語弊があるかもしれないが、僕自身が指示を出したり、意図的にパスを出したりして、気持ちよくプレーできるように仕向けることがあった。自分の年齢が若いときには、自分のことで精一杯で、周りに期待する余裕すらなかったが、言葉だけでなく、プレーでサポートすることも期待を示す一つになるといつしか考えられるようになった。

人から期待される。これはサッカー選手に限らず、いかなる年齢、いかなる職業や立場の人にも当てはまる喜びだと思う。仕事でも家事でもいい。自分がやったことが、誰かのためになり、誰かが喜んでくれる。これほどやりがいや充実感を感じられることはないと思う。

例えばだ。身体の線が細い若手選手がいたとする。プロの環境に馴染《なじ》もう、プロで戦える身体を作ろうと、筋トレに励んでいたとする。その結果、若手選手が練習で当たり負けすることなく、身体を張ってボールをキープできたとする。その姿を見て、練習後に「最近、身体が強くなってきたな」と声をかける。

その選手は、自分が陰で努力していたことを見てくれていたと感じてくれるだろうし、周りにも効果を実感してもらえていると理解する。そうなればさらに意欲を高め、その努力は続く。

だから、僕が期待することで、または僕が期待していることを知ることで、チームメートが伸びるのであれば、やる気がみなぎるのであれば、僕は期待し続けようと思った。それがその選手のためになり、組織（チーム）のためになり、最終的には僕のためにもなった。

そうやって期待してきた人たちが、それぞれに成長し、それぞれに役割を分担して、簡単には崩れない組織（チーム）になったことで、川崎フロンターレは初めてのタイトルを手にした。

そのときの自分の理想を追う

現役中、サッカー選手として「何でもできる」ようになりたいと思っていた。到達するのは難しかったが、最後の最後までうまくなりたい、自分の頭のなかで思い描いたすべてを表現できるようになりたいと思っていた。サッカー選手という一人のアスリートとして、見る人を驚かせたい、感動させたいという思いからだった。

ただし、追い求める理想とは、遠い未来ではなく、そのときどきの自分が頭のなかで思い描く姿だった。

思い描いていたのは、25歳なら25歳の中村憲剛、30歳なら30歳の中村憲剛、40歳なら40歳の中村憲剛だった。その年齢のときに頭のなかに思い描いた自分になろうと、自分自身を追いかけてきた。なぜなら、そのときの自分自身がベストであり、魅力的な表現者になっていると思っていたからだ。25歳の中村憲剛より30歳の中村憲剛、30歳の中村憲剛より

40歳の中村憲剛のほうが、いいプレーをすることができる。だから、遠い未来ではなく、そのときの自分の理想と信念を追い続けてきた。

今の自分が理想としているプレーをピッチで見せることができたら、周りは驚き、感動してくれるのではないか――。その思いは選手生活の最後の最後まで失われることはなかったから、現役最後のアシストにもつながった。

2020年12月16日、J1リーグ第33節の浦和レッズ戦。この年で引退した自分にとって、それはホームの等々力陸上競技場でプレーする最後のリーグ戦だった。

鬼木達監督が先発に抜擢してくれた試合の61分だった。右サイドに走り込んだ僕は、家長昭博からパスを受けた。ゴールに対して背中を向けていた自分は、ゴール前の状況を確認することはできていなかったが、自分がパスを出そうとする先に、走り込んでくる選手の姿を背中で感じ、思い浮かべることができた。

「あいつなら、絶対にここに走り込んでくる！」

パスを受けてクルッと反転した僕は、右足でクロスボールを上げた。そのパスの先に、想像どおり走り込んできたのが小林悠だった。彼は身を投げ出すように滑り込み、右足を伸ばすとシュートを決めた。

チームメートの山根視来《やまねみき》は、その一部始終を真後ろから見ていただけに、最も驚いていた一人だった。

「いつ(ゴール前を)見ていたんですか? 何で(小林が)走り込んでくるのがわかったんですか?」

ファン・サポーターが驚き、感動してくれたこと、またチームメートが驚いてくれたことが、何よりの喜びであり、充実感だった。味方であるチームメートすら騙すようなプレー。これ以上に最高のシチュエーションと、最高の称賛はなかった。

そして、周囲を驚かせたい、感動させたいという思いが、自分の心の原動力だった。

誰もがやったことがないこと、誰もが驚くことを実現する。

そのときどきで思い描いた自分を追いかけ、目指してきた。それは何歳であってもいいし、何歳からでもいい。そこに年齢は関係ない。思い描いた自分自身を追いかけるのに、早いも遅いもない。

今はサッカー選手ではなくなったが、これからも僕は、そのときの自分の理想を思い描いていくし、追い続けていく。

運命は自分で切り開くもの

前の章でも書いたが、自分の家には神棚がある。試合前日には、近所の神社でお参りをする習慣もあった。試合前のロッカールームでは、大切にしていたお守りで身体をこすり、その日の勝利といいプレー、そしてケガなく試合を終えられることを願っていた。また、ホームスタジアムである等々力陸上競技場では、たびたび劇的なゴールや勝利を経験してきたことから、自分自身でも「等々力の神様」と発言し、スタジアムには目に見えない力が宿っていると思っていた。

自分自身の心に、対話するもう一人の自分が存在していたように、心のなかに神様のような存在は常に感じていた。

しかし、その一方で、運命は用意されているものでも、導かれるものでもなく、自分自身で切り開き、そして変えていくものだと考えていた。

すべての出来事を「運命」の一言で片づけてしまうと、それまでの過程で努力してきたことや、取り組んできた事柄も水泡に帰することになると思っていた。

だから、最初から定めとして決められていたという解釈をすることも、仕方ないと諦めることも、自分はしてこなかった。


すでに読者の方は気づいているかもしれないが、自分自身は、自分の努力によって、道なき道を切り開いてきた。

プロになれたのも、自分自身が諦めなかったからだ。大学4年生になっても、どのクラブからも声がかかることはなかったが、それでも周りにプロ志望であることを言い続けた結果、川崎フロンターレの練習に参加する機会を得た。また、その練習参加でも、自分自身が絶対にプロになってやると思っていたから、そのときの最大値を発揮し、プロになる資格を得た。プロになってからも、結果を残さなければ、1、2年で解雇されるという危機感とともに努力を続け、出場機会を得ると、活躍して徐々に認められていった。それもこれも、決して運命ではなく、自分自身で切り開き、勝ち取ってきたものだと思っている。

だから、39歳の誕生日を迎えた翌日の2019年11月2日の試合で、左膝前十字靱帯を断裂する大ケガを負ったときも、それが「運命」だとは思わなかった。

人生は変えられる。だからこそ思った。このケガを乗り越えて、再びピッチに立ち、活躍して、選手を退くと——。

人生は選択の連続だ。だから、僕は思う。

自分次第で、運命は変えられる。自分次第で人生は変えられる。運命は与えられるものではなく、作るものだと——。

自分で選択し、自分で進むからこそ、挫折や困難も自分で乗り越えようとできるし、達成したときには大きな喜びと充実感を得られる。

「現状のベスト」を目指す発想法

人に期待する。言い換えると、人に希望を与えるとも捉えられます。この考えには、医師として共感します。ときに医者は患者さんに対して、ネガティブな話をし、恐怖心をあおることがあります。治療をしなければ、さらなるリスクがあることを意識させるためです。しかし、私自身は、どんなに症状が重い患者さんに対しても希望を与えたいと思いながら診察をしています。自分が少しでもポジティブな言葉をかけると、患者さんの表情が明るくなるのがわかるからです。また、人に希望を与えられることがわかると、自分の仕事にも誇りを持てるようになります。私自身も、自分が与えるだけでなく、患者さんからも多くを与えられていることを実感します。

また、年齢を重ねると、若いころの自分と比較して衰えた部分を見てしまいがちです。視力、聴力、体力などの低下も同様でしょう。しかし、憲剛さんのように、そのときの年齢のなかで自分にできるベストを目標にしたら、若い自分や以前の自分と比べることや、他人を羨むことはなくなります。この発想は、高齢者の方々の生き方にヒントを与えてくれているように思います。

実際、診察で身体に疾患のある患者さんに調子を尋ねると、見た目の印象とは裏腹に「調子がいい」と答えることがあります。その方は、罹患《りかん》する前の自分と比較することなく、今の自分を受け入れているため、そう返してくれているように思います。今の自分の状態を見極め、そのなかでベストを尽くす。ないものねだりや、過去と比較しないことが、楽しく生きるためのコツです。

心は宿るもの、開くもの

プロサッカー選手だったときも、ここまで自分自身の「心」や性格、はたまた内面について真剣に考え、深く追求したことはなかったかもしれない。ある種、禅問答のような時間を過ごし、自分の心と向き合ってこの本を作ってきた今、最後に再び「心」について考えてみたいと思う。

学生時代だけでなく、プロサッカー選手として活動していた18年間も、僕は筋トレに精を出すタイプではなかった。それでも、苦手な筋トレをしていたときですら、自分に課した「10回」という数字をクリアしてなお、「本当に10回で終わりにしていいのか？」と、自分自身に問いかけていた。

おそらく、自分はもっとできると、自分に期待していたから、課していた以上の成果となる「11回目」を欲していたのだろう。そして、目標を超える「11回目」を達成して、少しだけ自分が成長したことを実感していた。

その「1回」が、自分の心の原動力になっていた。

つまり、心とは、自分に宿るものなのではないだろうか。

常に自分のなかにいる自分と対話してきたように、理想の自分を追いかけ、そして超えようとしてきた。心のなかにいる自分は、調子がいいときには「気を抜くな」と僕を戒《いまし》め、苦しんでいるときには「乗り越えられる」と背中を押してくれる存在だった。

心のなかにいる自分自身は、ときに強く、ときに脆《もろ》く……それこそ心をえぐり、荒らすこともあったが、その浮き沈みや凹凸《おうとつ》もまた、自分自身を鍛え、育て、成長させてくれる養分になっていた。

心=自分自身が成長することで、自分自身をここまで大きく引き上げてくれたようにも感じている。

自分自身がそうだったように、心は変わるし、心は育つし、心は鍛えられる。

また、心は自分自身に対してだけでなく、周りの人々にも影響を与えることができる。

学生時代やプロサッカー選手になったばかりのころは、生き残っていかなければならない危機感や不安感、また小さなプライドが邪魔をして、周りとうまくコミュニケーションが取れなかったこともあった。メディアからの質問に対しても、当初はうまく自分の心境や心情、考えや思いを伝えられなかった。自分をさらけ出すことや、自分を明かすことに怖さを感じていたからだ。

だが、プロサッカー選手としてステップを踏み、心が育ち、鍛えられていったことで、僕は自分自身を見せる、さらけ出すことができるようになった。

そして、自分自身をさらけ出すと、相手が真摯に向き合ってくれたり、一緒になって考えてくれたりすることに気づいた。

キャリアも晩年に差しかかっていた35歳を過ぎ、引退する40歳までに五つのタイトルを獲得し、個人としても結果、内容ともに誇れる時間を過ごせたとすれば、それは自分が周りに心をさらけ出せるようになったことが大きい。

だから、心は司るもの、心は宿るものであると同時に、心は開くものでもあると思う。

心を開いて、周りと接することで、自分自身の心はまた、変わり、鍛えられ、そして育まれていく。

自分のポリシーを持ち、心を育て、開く

憲剛さん自身も本書に携わり、改めて自分の心の軌跡をたどり、これまでの人生で正しい心の在り方を探求し、それが自分の人生の質を高め、心を豊かにしてきたことを再認識したのではないでしょうか。現代社会は、いろいろな知識やさまざまな価値観が渦巻いています。インターネットが普及する以前は、親や目上の人の言うこと、昔からのしきたりに従うなど、生きていくための基準がありました。しかし、環境が大きく変化した今は、生きていくうえで、人生のポリシー、自分なりの方針を立てることが大切です。憲剛さんのポリシーは、まさに「感謝・感激・感動」。その理念のもとで生きているため、判断や決断も早く、行動力もある。その過程には迷いや悩みもあったと明かしてくれましたが、軸がぶれていないため、常に自分のなかで筋の通った方向に進んでいます。だからこそ、自分も周りも幸せになるような空間を創造しているのでしょう。

また、最高の生き方とは、自分が生かされることだと気づきます。個性や好きなもの、自分に合った職業、立場、ライフスタイルなど、さまざまな環境で自分が生かされる道で生きる——憲剛さんにとっては、それがサッカーだったのでしょう。そして憲剛さんは、自分のためだけに人生を生きるのではなく、自分の心が育ったあかつきには、他の人にも道を拓いてあげるというメッセージを伝えてくれています。憲剛さんはサッカーを通じて、心を鍛え、心を育み、心を開き、さらに自分が育てた心を周りに活用してもらってきた人だから、魅力的なのです。

おわりに

43年間、生きてきたなかで、ここまで自分自身の「こころ」に真正面から向き合い、真剣に掘り下げる機会はありませんでした。自分のなかで漠然としていた「こころ」の定義を明確に記す機会になり、自分自身にとっても大きな発見になりました。

ときに、自分自身の「こころ」に問いかけ、対話していく内容は禅問答のようでもありましたが、本書の執筆途中も、執筆を終えてからも、出会う人たちの「こころ」の揺らぎや動きをさらに読み取ろうとする自分がいます。

本来、「こころ」とは、定義する必要に迫られるものではないですが、可視化し、細分化することで、自分自身が見えていないものを見えるようにする作業は新鮮でした。

文字として残して、多くの人に自分の考えを届ける貴重な機会を与えてくれた小学館クリエイティブ、また編集を担当してくれた寺澤薫さん、構成を担ってくれたSCエディトリアルの原田大輔さんには、この場を借りて感謝を申し上げます。

本書では、中村憲剛という人間の「こころ」を定義し、可視化しましたが、これはあくまで僕の定義であり、僕の考えでしかありません。本書の内容を通じて、読者の方が共感してくれるところもあれば、違う意見や異なる感想を抱くこともあるかと思います。

しかし、僕自身はそれが狙いであり、むしろそれでいいと思っています。僕自身の「こころ」がそのときどきで揺れ動き、形を変えていったように、「こころ」の在り方は一つではありません。人によって、さまざまな意見や考え、捉え方があるから素晴らしく、それが個性でもあると言えるでしょう。

本書を手に取ってくれた方のそれぞれが、それぞれに自分の「こころ」と向き合い、自分の「こころ」に問いかけ、自分なりの「こころ」の在り方や考え方を探し、見つけていく。そのきっかけになってくれたらと強く願っています。僕自身にとっても、「こころ」の在り方に向き合う時間は難しい作業でしたが、難しいことに挑戦、トライすることで「こころ」は成長するし、学びになると、書き終えた今、実感しています。

また、自分自身の「こころ」や考え方、行動が、年齢とともに変化しているように、今もまさに自分の「こころ」は変化しています。そのため、ここにつづったのは、43歳になった自分の心であり、1年後、さらには10年後、自分の「こころ」がどう変化していくかは、自分自身にもわからないし、楽しみでもあります。そうやって日々変わっていくものだからこそ、みなさんの「こころ」も今からでも、明日からでも変えること、育てていくことはできるはずです。

一方で、「こころ」には変わっていく部分と、変えてはいけないと感じている芯もあるはずです。その芯となるポリシーやモットー、理念のようなものを自分自身が知ることで、分割していける部分や柔軟に対応していける部分も明らかになると感じています。

最後に、本書を監修してくれた医療法人きむら内科クリニックの木村謙介先生には、多大なる感謝を申し上げます。先生の言葉が背中を押してくれ、本書を執筆することができました。また先生との対話により、多くのテーマを導くこともできました。自分自身の心を定義する機会を与えてくれた時間と機会に、改めて感謝いたします。

僕は僕、あなたはあなた。この本を手に取った方の一人ひとりが自分なりの「こころ」の定義を持って、昨日よりも今日、今日よりも明日が、より充実し、より楽しくなることを願っています。

中村憲剛

監修者あとがき

中村憲剛さんに強く興味を抱いたきっかけは、2020年12月21日に行われた彼の引退セレモニーで、長男の龍剛くんが父である憲剛さんに向けて読み上げた手紙にあった「中村憲剛選手の18年間のサッカー人生はできすぎでした」というフレーズでした。

人は誰でも多くの人に好影響を与え、自己の人生を成功に導きたいという潜在的な願望を持っているものです。しかし、私が知る限り、ほとんどの人はそうならずに人生を終えていきます。彼はまだ人生の途上にありながら、「できすぎの人生」を送るためには、単に強運の星のもとに生まれたといったようなことでは片づけられない、原因と結果の法則が存在しているのではないかと考えていました。

2020年に彼が在籍する川崎フロンターレの内科チームドクターに就任させてもらったことを機に、彼と親交を深め、彼自身と対話し、過去に彼が出版した書籍、記事、インタビュー、映画などを見て気づいたのは、彼にとってのサッカー人生は「人格を磨く、心を磨く方便である」ということでした。言い方を変えると、彼がサッカーに夢中になればなるほど、人間的に魅力的になるという法則がありました。

彼自身がサッカーをうまくなるために考えてきたこと、判断してきたこと、行動してきたことのすべてが「できすぎのサッカー人生」を築く要因であり、結果になっていた。それを知り、一部のサッカーファンや川崎フロンターレのファン・サポーターの方々だけで、彼の心の在り方や考えを共有するのはもったいないと考えるようになりました。

そこには私自身も、研修医時代から一貫して、人の心と体が強くリンクし、互いに影響を及ぼしていることに気づき、心と体を同時に癒すことをモットーに診察を行ってきたという背景もありました。

人が心に抱くさまざまな〝思い〟のベクトルがネガティブであり、それが太く（強く）、長く（しつこく）心を支配していると、心身ともに影響を及ぼしていきます。現代の医学は、結果として、生じた体の不調へのアプローチのみを中心に診断し、治療を行いますが、それでは病気の半分しか治療されず、原因である心の状態が改善しない限り、再発する可能性があります。実際、私自身、そうしたケースを複数、見てきました。

正しい心や自分なりの心の在り方を見つけることで、病気の予防にもなれば、体の健康にもプラスに作用するだけでなく、何より楽しく生きることができる。

一般の人々が家庭や職場などの実生活において、陥りやすい人間関係やプライドなどの普遍的で重要なテーマを厳選して、憲剛さんの経験や克服方法などを知ることで、多くの人たちの気づきや発見になると考えました。実際、本書の制作にあたって、憲剛さんとの対話を重ねていくと、私自身も強く共感することもあれば、驚くこともありました。また、私自身も学びになり、心について深く考える機会になりました。

憲剛さん自身が本書を通じて心を定義してくれたように、私自身にとっての心を定義してみれば、心とは人間の本質だと思います。その人が考えていること、思っていることこそが、その人そのもの。心は取り出して見ることはできませんが、本質は常に目に見えないものにあるのではないかと考えています。

人の体に心が宿っているように、心と体は表裏一体です。すなわち、心の健康は、体の健康につながります。本書がみなさんの心を健康にする一助となり、人生をより豊かで実り多いものにできれば——。

医療法人きむら内科クリニック
木村謙介

中村憲剛（なかむら・けんご）

1980年10月31日生まれ。東京都出身。中央大学卒業後、2003年に川崎フロンターレに加入し、同年Jリーグ初出場。以降、現役生活18年をすべて川崎で過ごし、Jリーグ通算546試合出場83得点を記録。司令塔として3度のJ1優勝に貢献し、Jリーグベストイレブンに8度選出、2016年にはJリーグ最優秀選手賞を受賞した。日本代表では68試合出場6得点。2010年ワールドカップ南アフリカ大会出場。2020年限りで現役を引退後、サッカー指導や解説業など多分野で活躍をしている。

木村謙介（きむら・けんすけ）

1967年3月25日生まれ。兵庫県出身。北海道大学医学部卒業後、1993年に慶應義塾大学医学部内科学教室研修医。1997年、慶應義塾大学医学部呼吸循環器内科入局。2007年、医学博士号取得。2008年～2010年、カリフォルニア大学サンディエゴ校医学部留学。2011年、慶應義塾大学医学部循環器内科専任講師。2012年、きむら内科クリニック院長。慶應義塾大学医学部循環器内科非常勤講師。2018年、医療法人きむら内科クリニック理事長。2020年より川崎フロンターレチームドクター（内科）兼任。著書に『入院こそチャンス！人生は病床で好転する』（文芸社）『人を見て、病気を診ず　医者が教える心の秘密』（現代書林）がある。

構成　原田大輔（株式会社SCエディトリアル）

カバーイラスト　星野ちいこ

アートディレクション　小島正継（株式会社graff）

デザイン　浅田深里、牧花（株式会社graff）

協力　有限会社ケンプランニング

医療法人きむら内科クリニック

校閲　円水社

編集　寺澤　薫

中村憲剛の「こころ」の話
今日より明日を生きやすくする処方箋

2024年2月27日　初版第1刷発行
2024年10月8日　初版第3刷発行

著　者　中村憲剛
監　修　木村謙介
発行者　尾和みゆき
発行所　株式会社小学館クリエイティブ
〒101-0051 東京都千代田区神田神保町2-14 SP神保町ビル
電話0120-70-3761（マーケティング部）
発売元　株式会社小学館
〒101-8001 東京都千代田区一ツ橋2-3-1
電話03-5281-3555（販売）
印刷・製本　中央精版印刷株式会社

ISBN 978-4-7780-3624-9